LEÇONS ÉLÉMENTAIRES

DE

LECTURE MUSICALE

LEÇONS ÉLÉMENTAIRES

DE

LECTURE MUSICALE

PAR

E. TIERSOT

PRIX : UN FRANC

BOURG

IMPRIMERIE DE FRÉDÉRIC DUFOUR

1867

A M. GEORGE HAINL,

Premier Chef d'orchestre du Théâtre impérial de l'Opéra,
Premier Chef d'orchestre et Vice-Président de la Société des
Concerts du Conservatoire.

MONSIEUR,

Lorsque, durant votre séjour à Lyon, vous veniez vous
associer chaque année aux concerts de bienfaisance que
nous donnions à Bourg, il nous est arrivé plus d'une fois
d'échanger nos idées sur l'enseignement musical.

Leur concordance n'a pas été étrangère à la détermina-
tion que j'ai prise de publier ces leçons.

C'est pour cela que je viens les placer aujourd'hui sous
votre bienveillant patronage, en vous en offrant la dédicace.

Puissent-elles faciliter à quelques-uns l'étude de l'art
charmant dont vous êtes un des maîtres les plus autorisés !

Ce sera pour moi une bien douce satisfaction, en
même temps que l'occasion de vous offrir un témoignage
d'affectueux souvenir.

E. TIERSOT.

THÉATRE IMPÉRIAL
DE
L'OPÉRA.

Paris, le 30 juillet 1867.

Mon cher Monsieur Tiersot,

J'ai lu avec intérêt vos Leçons élémentaires de lecture musicale.

Ce petit ouvrage pourra être très-utile, surtout à ceux qui sont appelés à enseigner.

J'en accepte avec plaisir la dédicace.... Si j'étais encore dans le corps enseignant, je m'en servirais certainement....

Hélas ! il n'y a que trop peu de personnes qui, dans une position libérale et indépendante comme la vôtre, songent à s'occuper de notre bel art, et surtout emploient leurs seuls loisirs à en propager la culture et l'enseignement.

Merci donc de l'hommage que vous m'adressez. Croyez à mon amitié inaltérable et à mon admiration pour votre dévouement.

Je me dis votre ami et dévoué

GEORGE HAINL.

LEÇONS ÉLÉMENTAIRES

DE

LECTURE MUSICALE.

NOTIONS PRÉLIMINAIRES.

1. La *musique* est l'art de combiner les *sons*.

Le son est l'effet produit sur notre oreille par les vibrations des corps sonores (1).

2. Toutes les fois qu'un son se fait entendre, il présente quatre qualités inséparables, mais complétement indépen-

(1) Lorsqu'on pince les cordes d'une harpe, qu'on passe l'archet sur celles d'un violon ; quand on souffle dans une flûte ou dans une trompette ; que l'on frappe sur un tambour ou sur une cloche, etc., ces différents instruments éprouvent des mouvements très-rapides, appelés *vibrations*; celles-ci se transmettent à l'air et arrivent avec lui jusqu'à l'oreille qui en perçoit l'effet sous le nom de *son*.

Le son de la voix, qu'elle parle ou qu'elle chante, est aussi produit par les vibrations de cordons membraneux nommés *cordes vocales* et situés en haut et en avant du cou, dans un organe appelé le *larynx*, à travers lequel passe l'air à sa sortie du poumon.

dantes, qui indiquent son *élévation*, sa *durée*, sa *force* et son *timbre*.

— L'*élévation* du son ou l'*intonation* désigne son degré d'acuité ou de gravité, c'est-à-dire qu'elle fait sentir qu'un son est plus ou moins *haut* ou *aigu*, plus ou moins *bas* ou *grave* (1).

Deux sons ayant la même élévation sont dits à l'*unisson*.

On appelle *intervalle* la différence d'élévation entre deux sons ; c'est l'espace qu'il faut franchir pour arriver d'un son à l'unisson d'un autre, soit en montant, soit en descendant.

— La *durée* indique le temps plus ou moins long pendant lequel un son se fait entendre (2).

— La *force* du son ou son *intensité* se définit par son nom même ; plus le son est fort, plus l'oreille en est vivement frappée et l'entend de loin ; plus il est faible et moins l'oreille l'entend facilement (3).

— Le *timbre* est cette qualité du son qui, indépendante de son intonation, de sa durée et de sa force, le distingue des autres sons ; c'est lui qui fait la différence entre les voix de différents individus ou entre les sons de divers instruments de musique.

On dit d'un son que son timbre est aigre ou doux, sourd ou éclatant, sec ou moëlleux, etc.

— Nous avons dit que ces quatre qualités du son étaient à la fois inséparables et complétement indépendantes ; un son

(1) L'élévation du son dépend du *nombre* de vibrations produites par un corps sonore dans un temps déterminé. Plus ce nombre est grand, c'est-à-dire plus les vibrations sont rapides, plus le son est *élevé* ou *aigu* ; plus il est petit, plus le son est *bas* ou *grave*.

(2) Elle dépend du temps pendant lequel l'effet des vibrations sonores se fait sentir à notre oreille.

(3) La force du son dépend de l'*étendue* des vibrations sonores, quel que soit leur nombre dans un temps déterminé.

n'existerait pas, en effet, sans avoir une certaine élévation, une certaine durée, une certaine force et un timbre quelconque. D'un autre côté, quels que soient son timbre et sa durée, un son peut être très-élevé et très-faible en même temps, ou bien bas et fort à la fois, et réciproquement ; de la même manière, un son peut être d'abord faible, puis devenir progressivement fort, et enfin redevenir faible, sans changer d'élévation (1). (C'est ce qu'on nomme un son *filé*, par opposition au son *tenu* dont la force ne change pas pendant toute sa durée.)

3. Les qualités du son que nous venons d'énumérer ne se font pas seulement sentir à l'oreille ; elles s'écrivent encore au moyen de certains signes qui indiquent leurs plus légères comme leurs plus grandes variations.

La connaissance de ces signes, de leur valeur précise et de leurs combinaisons, au moins de ceux qui se rapportent à l'élévation, à la durée et à la force du son, constitue les éléments de la lecture musicale ; mais avant d'aborder leur étude, nous compléterons ces notions préliminaires par la définition de quelques mots qu'il est bon de connaître.

4. Les sons peuvent se faire entendre *un seul à la fois et successivement*, ou bien *plusieurs ensemble*. Dans le premier cas, ils donnent naissance à la *mélodie*, et dans le second cas les sons entendus simultanément produisent un *accord*, et la succession de ces accords constitue l'*harmonie*.

La *mélodie* consiste donc dans l'audition successive des sons ; c'est ce qu'on appelle encore un *chant* ou un *air*.

---

(1) Les expressions : *parler haut* ou *à voix haute, parler bas* ou à *voix basse*, n'ont pas, on le voit, dans le langage usuel, le même sens que dans le langage musical ; l'on devrait dire *parler fort* ou *parler doucement*. L'usage a consacré à ces locutions cette dernière signification.

On nomme *accord* l'audition simultanée de plusieurs sons, et *harmonie* l'audition successive des accords.

La mélodie peut se produire toute seule, c'est-à-dire sans le secours de l'harmonie, au moyen de la voix ou d'un instrument de musique; mais elle peut aussi, sans perdre son caractère mélodique, se faire entendre en même temps que l'harmonie qui, loin de l'absorber, la complète en faisant ressortir les diverses modifications que subit successivement le son dans son élévation, sa durée, sa force et son timbre.

— On appelle *composition* l'art de créer et d'écrire une mélodie et de l'accompagner d'une harmonie convenable, soit pour la voix, soit pour les instruments de musique, soit pour les deux à la fois.

Dans le premier cas elle donne naissance à la *musique vocale*, et dans le second cas à la *musique instrumentale*.

L'exécution consiste à faire entendre toute espèce de musique.

PREMIÈRE PARTIE

ÉCRITURE MUSICALE

CHAPITRE I.

Signes d'intonation.

1. On appelle *notes* les signes d'intonation, c'est-à-dire des caractères qui indiquent l'élévation du son.

Les notes peuvent subir elles-mêmes des modifications dans leur élévation ; les signes qui indiquent ces altérations sont le *dièse* #, le *bémol* ♭ et le *bécarre* ♮.

Le nombre des notes est le même que celui des sons que l'oreille peut percevoir depuis le plus grave jusqu'au plus aigu ; mais une expérience, qu'il est aisé de reproduire en faisant chanter le même air, en même temps, à une femme ou à un enfant et à un homme, a permis de les réduire à sept qui, répétés d'octave en octave, en montant et en descendant (nous verrons bientôt ce que c'est qu'une *octave*), produisent sur l'oreille un effet semblable.

Il existe donc sept notes auxquelles on a donné le nom de *ut* ou *do, ré, mi, fa, sol, la, si*.

2. On nomme *portée* la réunion de cinq lignes parallèles.

On donne à chacune d'elles le nom de la position qu'elle occupe, en commençant par en bas, c'est-à-dire qu'on les nomme première, deuxième, troisième, quatrième, cinquième ligne.

On appelle *interligne* l'espace compris entre deux lignes consécutives; ces interlignes reçoivent aussi leur nom de la position qu'ils occupent sur la portée : premier, deuxième, troisième, quatrième interligne.

— Les notes s'écrivent au moyen de *points pleins* ou *vides* placés sur les lignes ou dans les interlignes :

Si l'élévation des notes à écrire est supérieure ou inférieure à celles qui se placent sur la portée, l'on ajoute, pour chacune d'elles, au-dessus ou au-dessous, un nombre suffisant de petites lignes parallèles, qu'on appelle *lignes supplémentaires :*

3. Une note placée sur une même ligne ou sur un même interligne ne porte pas toujours le même nom; ce nom est indiqué par un autre signe appelé *clé*.

Il y a trois *clés* (1), la clé de *sol*  la clé d'*ut* ▤ et la clé de *fa* 𝄢

La clé de *sol* se place toujours sur la seconde ligne :

Celle d'*ut* peut se placer sur l'une des quatre premières :

---

(1) Jusque vers le 11ᵉ siècle, les notes étaient représentées par les sept premières lettres de l'alphabet, qui s'écrivaient sous trois formes différentes, pour indiquer les trois octaves qui représentent à peu près l'étendue de la voix humaine.

Voici le nom de ces notes que l'on voit encore dans l'intérieur des pianos au point d'attache de chaque corde, pour en faciliter l'accord : A *la*, B *si*, C *ut*, D *ré*, E *mi*, F *fa*, G *sol*.

A cette époque, le bénédictin Guy, d'Arezzo, remplaça les lettres par des points placés sur les lignes d'une portée et il donna aux notes le nom de la première syllabe de chaque vers de l'hymne de Saint-Jean :

> *UT queant laxis*
> *REsonare fibris*
> *MIra gestorum*
> *FAmuli tuorum*
> *SOLve polluti*
> *LAbii reatum,*
> *Sancte Ioannes.*

La portée avait d'abord vingt et une lignes pour les trois octaves de la voix, les notes ne s'écrivant que sur les lignes ; mais Guy d'Arezzo eut bientôt l'idée de les placer sur les lignes et dans les interlignes ; ce qui en réduisit le nombre à onze.

Afin de faciliter la lecture, il plaça de quinte en quinte, comme point de repère, et à partir de la quatrième ligne, les lettres corres-

Et celle de *fa* sur la troisième et sur la quatrième :

Chacune d'elles donne son nom aux notes placées sur la ligne qu'elle occupe. Une fois que l'on connaît le nom de cette note, celui des autres se trouve en donnant à celles qui sont successivement placées dans les interlignes et sur les lignes au-dessus et au-dessous, les noms que nous connaissons, dans l'ordre que nous avons indiqué.

En prenant pour exemple la clé de *sol*, l'on voit que cette

pondant aux notes placées sur ces lignes, savoir : 1° F *fa* ; 2° C *ut* ; 3° G *sol*.

Ces lettres, écrites en caractères gothiques et plus ou moins altérées dans leur forme, ne sont autre chose que les clés modernes de *fa*, d'*ut* et de *sol* ; elles ont encore aujourd'hui le même nom et remplissent les mêmes fonctions que du temps de l'Arétin.

Voici la portée de onze lignes, telle qu'elle résulta des travaux du moine d'Arezzo :

J'ai disposé ainsi à dessein les onze lignes de la portée de Guy, d'Arezzo, c'est-à-dire que j'ai séparé la sixième ligne, ligne d'*ut*, des cinq inférieures et des cinq supérieures qui ne sont autre chose que les portées modernes avec la clé de *sol* seconde ligne, et la clé de *fa* quatrième ligne, afin de faire voir au premier coup d'œil que la portée de onze lignes est encore employée de nos jours pour la musique de piano, d'orgue et de harpe ; seulement elle est réduite à dix lignes par la suppression de celle d'*ut*, que l'on remplace par la

clé, placée sur la seconde ligne, donne son nom à toutes les notes écrites sur cette ligne ; et faisant l'application de la règle précédente, l'on trouve, ainsi qu'il suit, le nom des autres notes en montant et en descendant.

On voit par cet exemple qu'avec une clé de *sol*, les notes placées sur les lignes de la portée et sur les deux premières

---

première ligne supplémentaire au-dessus de la portée en clé de *fa*, ou par la première au-dessous de la portée en clé de *sol*.

Comme l'étendue de chaque voix ne dépasse guère une octave et demie, les notes écrites pour une même voix s'écartent peu de l'étendue de cinq lignes de la portée. On a donc pu supprimer toutes les lignes inutiles et n'en conserver que cinq pour chaque genre de voix. De là la portée moderne de cinq lignes, avec l'une des trois clés sur l'une d'elles.

Pour les voi x de basse, on conserve les cinq lignes inférieures avec la clé de *fa* sur la quatrième ligne :

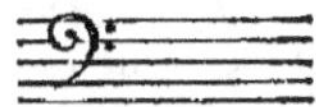

et les notes sur les lignes sont *sol, si, ré, FA, la*.

Pour les plus aiguës, c'est-à-dire pour celles de soprano, on se sert des cinq lignes supérieures avec la clé de *sol* sur la seconde ligne :

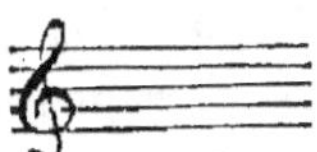

Les notes sur les lignes sont *mi, SOL, si, ré, fa*.

Pour les voix intermédiaires on emploie les lignes voisines de la clé d'*ut*. Les ténors lisent en clé d'*ut* quatrième ligne :

Les trois lignes inférieures sont les trois supérieures de la portée en

lignes supplémentaires au-dessus et au-dessous sont, de bas en haut : *do, mi, sol, si, ré, fa, la.*

Dans les interlignes, en y comprenant celles qui sont placées au-dessous de la première ligne et au-dessus de la cinquième, les notes sont, de bas en haut : *ré, fa, la, do, mi, sol.*

4. On appelle *degré* la différence de position des notes sur la portée. Sur la même ligne ou dans le même interligne, elles sont au même degré. (L'altération des notes par les dièses, les bémols ou les bécarres ne les fait pas changer de degré.)

Une note étant prise comme point de départ, la plus rap-

---

clé de *fa*, et la cinquième est la première de la portée en clé de *sol.* Notes sur les lignes : *ré, fa, la, DO, mi.*

Les voix de contralto et de mezzo soprano placent ordinairement la clé d'*ut* sur la première ligne, et les lignes suivantes sont les quatre premières de la portée avec clé de *sol :*

Notes sur les lignes : *DO, mi, sol, si, ré.*

En se pénétrant bien de ces faits, il devient très-facile de lire avec toutes les clés, quelle que soit leur position, cependant, pour simplifier encore la lecture musicale, on ne se sert généralement que des clés de *fa*, quatrième ligne, et de *sol*, seconde ligne. La première est réservée aux voix de basses et de barytons, et la seconde aux voix de soprani et de ténors ; mais ces derniers baissent toutes les notes d'une octave.

Toutefois il est bon de se familiariser avec toutes les clés, même avec celle d'*ut;* pour cela quand on connaîtra bien les portées de cinq lignes en clé de *sol* et en clé de *fa*, l'étude de la portée de onze lignes écrite comme ci-dessus en rendra la connaissance claire et rapide, quelque soit sa position. (1)

(1) Il y aurait peut-être quelque chose à reprendre dans cette note, au point de vue purement historique ; mais elle suffit parfaitement à faire connaître le nom des notes sur la portée avec les différentes clés, seul but que je me suis proposé ; il n'y a donc pas lieu d'y rien changer.

prochée occupe le second degré, puis le troisième, le quatrième, etc., si elle se trouve sur les positions suivantes.

On nomme degrés *conjoints* ceux qui sont formés par deux notes consécutives, comme *do ré, ré mi, sol la,* etc ^t degrés disjoints, ceux entre lesquels se trouvent d'autres notes, comme *do mi, ré si,* etc.

5. L'intervalle qui sépare deux notes consécutives n'est pas toujours le même; il peut y avoir une différence à peu près de moitié, ainsi qu'on peut s'en assurer avec la voix ou avec un instrument de musique, tel qu'un piano ou un violon.

On appelle *ton* l'intervalle le plus grand; l'autre a été nommé *demi-ton.*

Les seules notes naturelles qui ne sont distantes que d'un demi-ton sont *mi* et *fa* d'une part, *si* et *do* d'autre part. Toutes les autres notes sont séparées par un intervalle d'un ton. Mais elles peuvent toutes être *élevées* ou *abaissées* d'un et même de deux demi-tons.

— Le signe qui indique qu'une note est *élevée d'un demi-ton* est le *dièse* #; celui qui *l'abaisse d'un demi-ton* est le *bémol* ♭

Lorsqu'une note a été diésée ou bémolisée, c'est-à-dire élevée ou abaissée d'un demi-ton, elle est ramenée dans son *ton naturel* au moyen du *bécarre* ♮.

— Les dièses, les bémols et les bécarres peuvent être placés à la clé, à droite de ce signe, ou dans le courant d'un morceau, en avant, c'est-à-dire à gauche d'une note. Dans le premier cas ils exercent leur influence sur les notes altérées dans tout le courant du morceau et quel que soit leur degré d'élévation. Ainsi, s'il y a un dièse à la clé sur la ligne du *fa,* tous les *fa* seront dièses, quelle que soit l'octave où ils se trouvent. S'il y a un bémol sur la ligne du *si* et sur celle du *mi,* tous les *si* et tous les *mi* seront bémols, etc.

Dans le second cas, c'est-à-dire si les dièses, bémols ou bécarres sont mis devant une note dans le courant d'un morceau, leur effet ne se produit que sur la note devant laquelle

ils se trouvent et sur toutes les notes de même nom, quelle que
soit leur élévation, qui sont dans la même *mesure*. (Nous verrons plus tard ce que c'est qu'une mesure.) Ainsi, si un dièse
est placé devant un *do*, tous les *do* qui seront dans la même
mesure seront diésés, et ils redeviendront naturels dans les
mesures suivantes, sans qu'il soit nécessaire de les faire précéder d'un bécarre. Dans ce second cas, les dièses, les bémols
et les bécarres sont dits *accidentels*.

Les notes diésées ou bémolisées sont élevées ou abaissées
d'un demi-ton de plus au moyen du *double-dièse* ♯♯ ✕ ✹
ou du *double-bémol* ♭♭

Le premier de ces signes élève donc les notes naturelles de
deux demi-tons et le second les abaisse de deux demi-tons.
Ils sont toujours accidentels.

Pour revenir du double-dièse ou du double-bémol au dièse
ou au bémol simples, on les remplace par le *bécarre-dièse* ♮♯
ou par le bécarre-bémol ♮♭.

— On appelle *naturelles* les notes qui ne sont ni diésées, ni
bémolisées.

Les dièses, les bémols et les bécarres, d'une manière géné-
rale, se nomment des *accidents* ou des signes d'*altération*.

On nomme *altérées* les notes devant lesquelles sont placés
ces signes.

CHAPITRE II.

Signes de durée.

1. La durée des sons indique le temps pendant lequel ceux-ci se font entendre. Elle est *absolue* ou *relative.*

La durée *absolue* indique le temps précis pendant lequel un son se fait entendre, et la durée *relative* indique celui pendant lequel se fait entendre un son comparé à un autre.

Si par exemple on convient qu'une note doit durer deux secondes, on aura établi sa durée absolue. Si une autre note n'en doit durer que la moitié, le signe qui indiquera cette différence fera connaître la durée relative de cette note. Dans le cas que nous avons établi, la seconde note ne durera qu'une seconde ; si la première devait en durer quatre, la seconde en durerait deux, et ainsi de suite.

— Pour faire connaître la durée absolue du son on se sert d'un instrument appelé *métronome*, ou bien l'on emploie certains mots italiens qui, placés en tête d'un morceau, déterminent approximativement la rapidité plus ou moins grande qu'on doit donner aux notes, ou ce qu'on appelle le *mouvement*. Nous y reviendrons plus tard.

2. Voici le nom et la forme des signes de durée relative, par ordre de valeur :

Chacune de ces notes vaut le double, c'est-à-dire a une

durée double de celle qui la suit; par conséquent chacune ne vaut que la moitié de celle qui la précède.

Ainsi *une ronde* vaut *deux blanches*, c'est-à-dire dure autant que deux blanches; *une blanche* vaut *deux noires*; *une noire* vaut *deux croches*; *une croche* vaut *deux doubles-croches*; *une double-croche* vaut *deux triples-croches*; *une triple-croche* vaut *deux quadruples-croches*.

Il en résulte que la blanche ne vaut que la moitié de la ronde, c'est-à-dire dure la moitié moins; que la noire ne vaut que la moitié de la blanche; la croche, la moitié de la noire, etc.

Il en résulte encore que la ronde vaut quatre noires ou huit croches, ou seize doubles-croches, etc; — que la blanche vaut quatre croches, ou huit doubles-croches, ou seize triples-croches, etc.

Le même fait peut s'exprimer en disant que la noire est le quart de la ronde, que la croche en est la huitième partie, que la double croche en est la seizième partie, etc.

— Lorsque plusieurs croches, doubles, triples ou quadruples-croches se suivent, on peut les réunir au moyen d'un nombre de grosses barres parallèles égal à celui du crochet de ces notes. Exemple :

— Il existe encore un signe de durée relative, rarement employé aujourd'hui, mais qu'il faut connaître, c'est la *carrée* ⊓ qui a la valeur de deux rondes. Elle se rencontre surtout dans la musique religieuse.

3. Un *point* placé après une note augmente la durée de cette note de la moitié de sa valeur.

Ainsi une ronde *pointée* ○. dure autant qu'une ronde plus

la moitié de sa valeur, c'est-à-dire plus une blanche ; ce qui

donne le résultat suivant ○˙ égale ○♩ (1)

Une blanche pointée vaut une blanche et une noire,

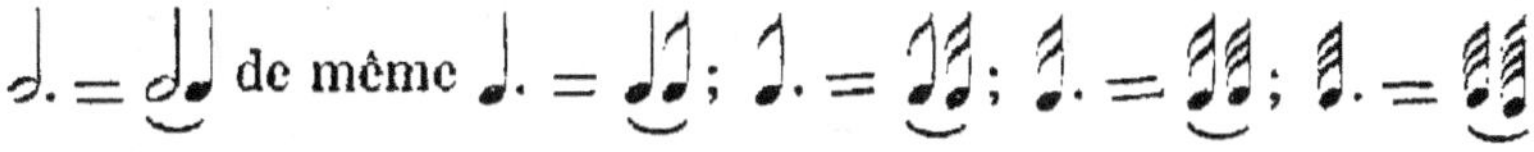

♩˙ = ♩♪ de même ♩. = ♩♪ ; ♪. = ♪♪ ; ♪. = ♪♪ ; ♪. = ♪♪

— Si au lieu d'un point il y en a deux à la suite d'une note, ce second point augmente encore la durée de la note de la moitié de la valeur du premier.

Exemple : ○.. = ○♩♩ ; ♩.. = ♩♩♪ ; ♩.. = ♩♪♪ etc.

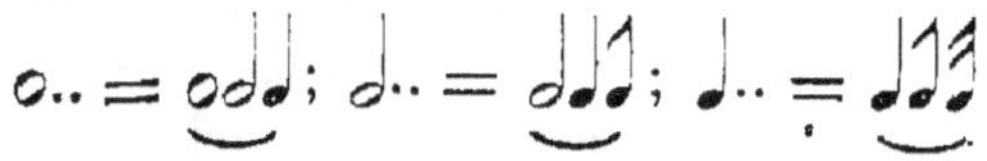

Un troisième point augmente encore la durée de la note de la moitié de la valeur du second.

Exemple : ○... = ○♩♪♪ ; ♩... = ♩♪♪♪ etc.

4. Il arrive parfois que le son se suspend dans le courant d'un morceau ; on appelle *silences* les signes qui indiquent la durée de ces suspensions. La valeur des silences, depuis le plus long jusqu'au plus court, s'indique au moyen de signes dont nous donnons ici la figure avec leur nom et leur valeur comparée à celle des notes :

---

(1) Ce signe ⌢ que l'on nomme *liaison* sert à réunir deux ou plusieurs notes ensemble, de manière à ne laisser aucune interruption entre le son de la première et celui des suivantes ; si les notes liées sont sur le même degré, le son de la première se prolonge pendant un temps égal à la valeur de toutes les autres, comme si elles n'en faisaient qu'une.

On voit que la *pause* équivaut à la ronde, la *demi-pause* à la blanche, le *soupir* à la noire, le *demi-soupir* à la croche, le *quart de soupir* à la double-croche, le *huitième de soupir* à la triple-croche, et le *seizième de soupir* à la quadruple-croche.

Il en résulte que la pause vaut deux demi-pauses, la demi-pause deux soupirs, le soupir deux demi-soupirs, le demi-soupir deux quarts de soupir, le quart de soupir deux huitièmes de soupir, et le huitième de soupir deux seizièmes de soupir.

— Un point placé devant un silence augmente sa durée de la moitié de sa valeur; mais il est peu employé et on le remplace habituellement par les signes de silence équivalant à la valeur du point. Ainsi, au lieu d'une pause pointée, on écrit une pause et une demi-pause; pour une demi-pause pointée on met une demi-pause et un soupir; pour un soupir pointé, un soupir et un demi-soupir, etc.

5. Pour pouvoir donner aux notes et aux silences leur valeur relative, on prend pour terme de comparaison, c'est-à-dire pour unité de mesure, l'un des signes de durée; l'on divise la durée de ce signe en un certain nombre de parties égales que l'on nomme *temps* et qui se marquent chacun par un mouvement de la main d'une égale durée. Puis on divise un morceau de musique, au moyen de traits verticaux placés sur la portée et qu'on nomme *barres de mesure*, en un certain nombre de parties renfermant toutes un nombre de notes égal en durée à l'unité de mesure et qui s'appellent *mesures*.

Chaque mesure, ainsi que l'unité de mesure, se divise en deux, trois ou quatre temps. Indiquer chacun de ces temps par un mouvement de la main, c'est *battre la mesure*.

— Pour battre la mesure à deux temps, l'on fait, pendant la durée de chaque mesure, deux mouvements de la main d'une égale durée, le premier en bas et le second en haut,

— Pour la mesure à trois temps, la main se porte en bas pour le premier temps, à droite pour le second et en haut pour le troisième ; ainsi qu'il suit :

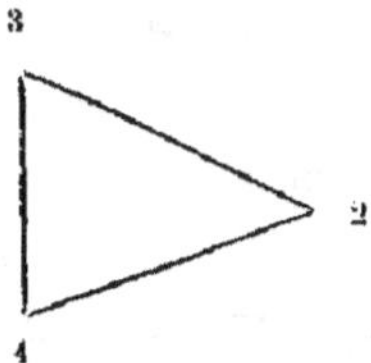

— Dans la mesure à quatre temps, le premier se bat en bas, le second à gauche, le troisième à droite et le quatrième en haut, comme dans la figure suivante :

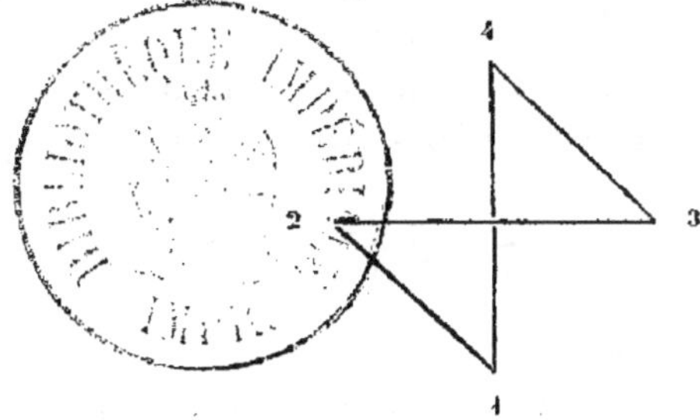

6. On a vu (p. 16) que la pause vaut une ronde. On l'emploie aussi pour indiquer une mesure en silence, quelle que soit la valeur de cette mesure.

Pour marquer un silence de deux ou de quatre mesures, on emploie les signes suivants

qui se nomment *demi-bâton* et *bâton* de mesure.

En combinant ces signes avec la pause on peut indiquer le silence d'un nombre indéterminé de mesures. Exemple :

Le plus habituellement, lorsqu'il y a plusieurs mesures à compter, on remplace les signes précédents par *une* ou par *deux barres inclinées*, surmontées du chiffre de ces mesures, ou simplement par ce chiffre, les unes ou les autres renfermées entre deux barres de mesure.

Lorsqu'une partie fait silence pendant toute la durée d'un morceau, on écrit le titre ou le numéro de ce morceau qu'on fait suivre du mot *Tacet*.

7. Lorsqu'un morceau de musique est terminé, on ajoute à la dernière barre de mesure une seconde barre plus épaisse

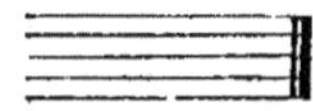

dite *barre de terminaison*.

Cette double barre se place encore dans le courant d'un morceau, lorsqu'il survient un changement soit dans la tonalité, soit dans le rhythme, soit dans l'idée musicale. On la nomme alors *barre de séparation*.

— La double barre précédée de deux points

se nomme *barre de reprise* ou simplement *reprise ;* elle indique qu'il faut dire deux fois la partie qui précède, soit depuis le commencement du morceau, soit depuis une précédente barre de reprise. Dans ce cas, cette barre est suivie de deux points.

On donne encore le nom de *reprise* à la partie d'un morceau de musique comprise entre deux barres de reprise, ou seulement de séparation.

S'il se trouve deux reprises de suite, la barre qui les sépare est précédée et suivie de deux points

on l'appelle *reprise double.*

— Si une reprise ne se termine pas la seconde fois comme la première, l'on écrit au-dessus des premières mesures finales les mots 1re fois ou 1°, et 2e fois ou 2° au-dessus des secondes mesures finales ; puis l'on enferme chacun de ces mots dans un trait embrassant toutes les parties changées. Exemple :

8. Si un morceau de musique se termine par l'une des reprises déjà entendues, au lieu de l'écrire une seconde fois, on place au-dessus de la première mesure de cette reprise l'un des signes 𝄋 ou ⊕ dits signes de *renvoi* et après sa dernière mesure le mot *Fin* ou en italien *Fine.* Puis à la fin de la partie écrite se retrouve le même signe de renvoi. Arrivé à ce signe on revient au premier pour s'arrêter définitivement au mot *Fin.* Exemple :

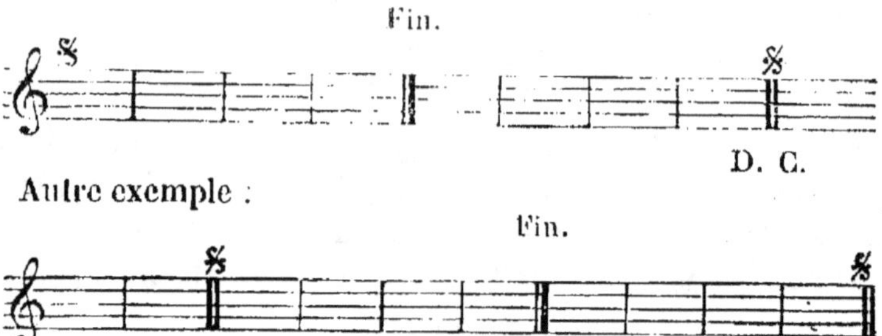

Autre exemple :

Si la fin du morceau se trouve après le second signe, on redit la reprise de renvoi jusqu'aux premières barres de séparation ; puis l'on passe, en sautant tout le reste, à la reprise finale, placée après le second signe de renvoi et qu'on nomme *Coda*.

Dans cet exemple l'on dit d'abord deux fois chacune des deux premières reprises ; puis l'on revient à la première qui se redit encore deux fois, (à moins que le signe de renvoi ne soit accompagné des mots *sans reprise* ou *senza replica)* et l'on finit par la *Coda*.

— Lorsqu'un morceau se termine par la première reprise, on remplace ordinairement le signe de renvoi 𝄋 par les mots *Da Capo* (de la tête), ou par leurs initiales D. C. qui se placent à la fin de la dernière reprise, comme dans le premier exemple.

Pour compléter l'étude de l'écriture musicale, il resterait à faire connaître les signes de la durée absolue, de la force et du timbre ; mais la connaissance de ces signes n'étant pas indispensable pour la lecture, nous les renverrons après l'étude de l'intonation et de la mesure.

DEUXIÈME PARTIE.

LECTURE MUSICALE.

PREMIÈRE SECTION.

De l'Intonation.

CHAPITRE I.

1. On a vu qu'on donne le nom de *notes* aux signes d'intonation ; — que les notes s'écrivent sous forme de points placés sur une *portée* de cinq lignes parallèles, auxquelles on peut ajouter au-dessus et au-dessous autant de *lignes supplémentaires* qu'en réclame l'élévation du son à produire ; — que les notes réduites à sept, qui se répètent d'octave en octave en montant et en descendant, se nomment *do* ou *ut*, *ré*, *mi*, *fa*, *sol*, *la*, *si* ; — que le nom des notes sur la portée dépend de la position de l'une des trois clés de *sol* 𝄞, d'*ut* 𝄡 ou de *fa* 𝄢 chacune d'elles donnant son nom aux notes placées sur la ligne

qu'elle occupe ; — l'on a vu enfin qu'on appelle *intervalle* la différence d'élévation de deux notes.

— Les intervalles se nomment d'après le nombre de degrés à parcourir pour arriver de la première à la seconde note ; le nombre de ces degrés donne son nom à l'intervalle. Ainsi l'on nomme *unisson* l'intervalle de deux notes du même degré, *seconde, tierce, quarte, quinte, sixte, septième, octave, neuvième, dixième*, etc., les intervalles de deux, trois, quatre, cinq, six, sept, huit, neuf, dix notes consécutives.

Les intervalles formés par des degrés conjoints sont dits intervalles *diatoniques.*

2. Nous avons vu que deux notes consécutives sont séparées tantôt par un intervalle d'un *ton*, tantôt d'un *demi-ton*. Ce mot de demi-ton ne rend pas d'une manière absolument exacte l'idée qu'il exprime ; il **y** a en effet deux sortes de demi-tons, le *diatonique* et le *chromatique*, le premier plus petit que le second d'un neuvième de ton ou d'un *comma*.

On appelle *comma* l'intervalle le plus petit que l'oreille puisse percevoir entre deux sons; or l'acoustique (science des qualités physiques du son) démontre qu'un ton renferme neuf commas, c'est-à-dire neuf sons qui ne peuvent pas être divisés. Il y a donc, dans un ton, un demi-ton de quatre commas, c'est le *diatonique*, et un de cinq commas, c'est le *chromatique.*

Lorsque deux notes naturelles, telles que *mi* et *fa* ou *si* et *do*, ne sont distantes que d'un demi-ton, il est diatonique ou de quatre *commas;* les dièses et les bémols au contraire élèvent ou abaissent les notes d'un demi-ton chromatique, c'est-à-dire de cinq commas.

Ainsi, de *do* à *ré* il y a un ton ; si l'on divise cet intervalle en deux demi-tons en dièsant le *do*, il y aura un demi-ton chromatique de *do* à *do* ♯ et seulement un demi-ton diatonique de *do* ♯ à *ré*. Si l'on opère cette division en bémolisant *ré*, il y aura un demi-ton chromatique de *ré* ♭ à *ré* ♮ et il ne restera qu'un demi-ton diatonique de *do* à *ré* ♭.

Do ♯ est donc plus élevé d'un comma que *ré* ♭ comme on le voit clairement dans cette figure :

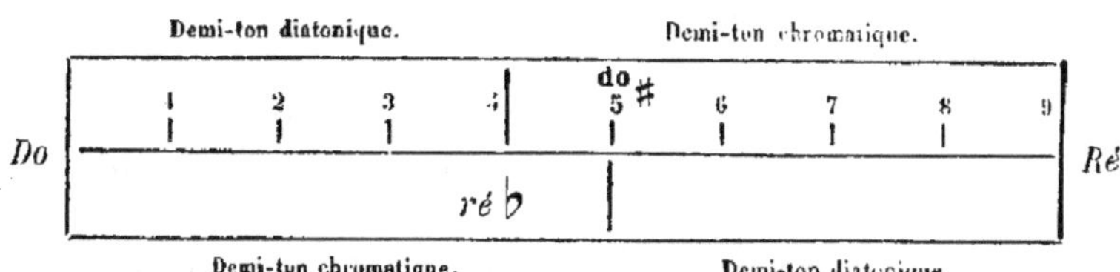

On appelle notes *enharmoniques* toutes celles qui comme *do* ♯ et *ré* ♭ ne sont distantes que d'un comma.

En voici le tableau : *do* ♯ et *ré* ♭ — *ré* ♯ et *mi* ♭ — *mi* ♯ et *fa* — *fa* ♯ et *sol* ♭ — *sol* ♯ et *la* ♭ — *la* ♯ et *si* ♭ — *si* ♯ et *do*.

Les enharmoniques des notes éloignées d'un ton s'obtiennent au moyen du double dièse ou du double bémol : *do* et *si* ♯ ou *ré* ♭♭ — *ré* et *do* ♯♯ ou *mi* ♭♭ — *mi* et *ré* ♯♯ ou *fa* ♭ — *fa* et *mi* ♯ ou *sol* ♭♭ — *sol* et *fa* ♯♯ ou *la* ♭♭ — *la* et *sol* ♯♯ ou *si* ♭♭ — *si* et *la* ♯♯ ou *do* ♭.

On a vu que, de deux notes enharmoniques, l'inférieure est plus élevée d'un comma que celle du degré supérieur ; ainsi, de même que *do* ♯ est plus élevé d'un comma que *ré* ♭, *mi* ♯ est plus haut que *fa*, *sol* ♯ que *la* ♭, etc.

CHAPITRE II.

De la Gamme.

1. On nomme *gamme* la série des sons qui peuvent se faire entendre d'une note à son octave, soit en montant, soit en descendant.

Les gammes se distinguent, d'après l'intervalle qui sépare chacune de leurs notes, en gammes *enharmoniques*, *chromatiques* et *diatoniques*.

2. On dit communément que la *gamme enharmonique* procède par commas; mais il n'y a pas, à proprement parler, de gamme enharmonique : il y a seulement un *genre enharmonique* ou plus simplement l'*enharmonie*, qui consiste dans le remplacement d'une ou de plusieurs notes par leurs enharmoniques.

Si par exemple une série d'accords amène ce qu'on appelle une modulation en *ré* #, au lieu d'écrire dans ce ton qui serait surchargé de dièses et de doubles dièses, on le remplace par celui de son enharmonique *mi* ♭, qui s'écrit seulement avec trois bémols.

(Tout ce qui concerne l'enharmonie sera mieux compris plus tard, après l'étude de la formation des gammes diatoniques; quoique sa connaissance soit moins utile pour la lecture que pour la composition musicale, j'ai cru qu'il était bon d'en donner une idée.)

3. La *gamme chromatique* procède par une succession de demi-tons. Elle s'écrit en montant avec des dièses et en descendant avec des bémols, ainsi qu'il suit :

4. La *gamme diatonique* procède par tons et par demi-tons.

Toute gamme diatonique est composée de cinq tons et de deux demi-tons. La position des demi-tons constitue le *mode*.

— Il y a deux modes : le mode *majeur* et le mode *mineur*.

Dans le mode *majeur*, le premier demi-ton est placé du *troisième au quatrième degré*, et le second du *septième au huitième*, de manière à présenter toujours une succession de *deux tons, un demi-ton, trois tons et un demi-ton*.

Dans le mode *mineur*, le premier demi-ton se trouve du *second au troisième degré* et le second du *cinquième au sixième*, de manière à donner une succession de *un ton, un demi-ton, deux tons, un demi-ton et deux tons*.

CHAPITRE III.

Gamme diatonique majeure.

1. On vient de voir que la gamme diatonique se compose de cinq tons et de deux demi-tons, et que dans le mode majeur la position des demi-tons amène une succession de deux tons, un demi-ton, trois tons et un demi-ton.

On peut donc former autant de gammes diatoniques majeures qu'il y a dans la musique de notes naturelles, diésées et bémolisées, pourvu que, à partir de la note prise pour point de départ, l'on ait cette succession d'intervalles.

Cette première note, qui établit la position de toutes celles qui la suivent, donne son nom à la gamme ; en d'autres termes elle sert à indiquer le *ton* (1), c'est-à-dire l'élévation de la gamme, ce qui lui a fait donner le nom de *tonique*.

Chanter ou jouer en tel ton, en ton de *do*, de *fa*, de *sol* par exemple, c'est donc chanter un morceau dont l'élévation est la même que celle d'une gamme qui aurait pour tonique les notes *do*, *fa* ou *sol*.

2. On donne à chaque note de la gamme le nom de l'intervalle qu'elle forme avec la tonique : seconde, tierce, quarte, quinte, sixte, septième ; mais elles prennent encore un nom particulier.

---

(1) Nous avons vu déjà le mot *ton* employé par opposition au *demi-ton* ; ce mot a encore d'autres significations qu'il ne faut pas confondre et dont nous parlerons en leur lieu.

Nous savons déjà que celle du premier degré se nomme *tonique*, la seconde s'appelle encore *sus-tonique*, la tierce *médiante*, la quarte *sous-dominante*, la quinte *dominante*, la sixte *sus-dominante* et la septième *sensible*. L'octave est la répétition de la tonique; du reste elles conservent toutes leur nom à toutes les octaves, dans la même gamme.

3. Nous avons dit qu'une gamme diatonique majeure présente toujours une succession de deux tons, un demi-ton, trois tons et un demi-ton. Or si l'on écrit les sept notes de la musique en commençant par *do* et en finissant par son octave :

1	1	1/2	1	1	1	1/2
do	*ré*	*mi*	*fa*	*sol*	*la*	*si*	*do*

on voit que cette série de notes présente la succession d'intervalles qui constitue la gamme diatonique majeure; et comme elle s'écrit sans altérer aucune des notes qui la composent, on la nomme gamme *naturelle* ou gamme *modèle*.

Dans cette gamme tous les *do* sont des toniques, les *ré* des sus-toniques, les *mi* des médiantes, les *fa* des sous-dominantes, les *sol* des dominantes, les *la* des sus-dominantes et les *si* des sensibles.

4. Accord parfait. Si l'on fait vibrer fortement une corde d'un piano ou de quelque instrument à percussion, à mesure que le son s'éteint, l'on peut distinguer, en même temps que la note produite, d'autres sons dont le premier en intensité est l'octave du son générateur, le second est la quinte de cette octave et le troisième la sixte de cette quinte.

Si la note produite est *do*, l'on entendra simultanément, mais avec une décroissance successive de leur sonorité, les notes suivantes : *do*, octave du son générateur; *sol*, quinte de cette octave; et *mi*, sixte de cette quinte :

Mais nous savons que les octaves produisent sur l'oreille un effet semblable, et remplissent les mêmes fonctions dans la gamme. Si donc l'on abaisse d'une octave le *mi* ci-dessus produit, les trois notes entendues donnent l'accord *do*, *mi*, *sol*,

composé de tonique, tierce et quinte, ou tonique, médiante et dominante.

Cet accord, qui se produit naturellement, est de tous les accords le plus doux à l'oreille ; on lui donne le nom d'*accord parfait*, auquel on ajoute celui de *majeur*, pour le distinguer de l'*accord parfait mineur*, dont il sera parlé plus tard.

C'est lui qui, par suite de l'effet agréable qu'il produit sur notre oreille, peut seul terminer complétement un morceau de musique ; c'est lui aussi qui indique la tonalité et le mode en assignant leur position relative à toutes les notes d'une gamme. C'est ce qui explique pourquoi on le fait entendre avant de chanter un morceau de musique.

5. Chacune des sept notes de la gamme remplit une fonction particulière ; le caractère de cette fonction consiste, pour les unes, à faire éprouver à l'oreille un sentiment de repos plus ou moins complet, tandis que d'autres ne terminent ni un morceau, ni même une phrase musicale, et que l'oreille, en les entendant, appelle souvent l'audition d'une des notes de repos.

Nous avons vu que l'accord parfait de la tonique présente le repos le plus complet et le plus satisfaisant pour l'oreille et que, à cause de cela, c'est par lui que se terminent les morceaux de musique.

Chacune des notes qui fait partie de cet accord, c'est-à-dire la tonique, la médiante et la dominante, participe à divers degrés à cette propriété.

La tonique seule donne le sentiment d'un repos complet et peut, en conséquence, terminer un chant d'une manière définitive.

Après la tonique, la dominante, sans amener une terminaison définitive, donne le sentiment de repos le plus satisfaisant.

Après elle vient la médiante (1).

Les quatre autres notes de la gamme excluent toute idée de repos ; après elles, l'oreille éprouve un besoin instinctif d'entendre l'une des notes de l'accord parfait. La septième note ou la sensible tend vivement à amener la tonique placée un demi-ton au-dessus d'elle. Cette sorte d'attraction de la tonique par la sensible a valu son nom à cette dernière note.

La quarte ou sous-dominante tend à se résoudre sur la médiante qui n'en est séparée aussi que d'un demi-ton.

Enfin la sus-tonique et la sus-dominante excluent aussi toute idée de repos, mais elles peuvent se résoudre aussi bien sur l'une que sur l'autre des notes de l'accord parfait.

On possède maintenant tous les éléments nécessaires à l'étude des intervalles ; c'est donc le lieu d'étudier ce qui les concerne, avant d'arriver à la formation des gammes avec les différentes toniques. Mais auparavant il est urgent de faire de nombreux exercices d'intonation en ton d'*ut*, en combinant d'abord les trois notes de l'accord parfait, puis en introduisant dans leur ordre les accords formés par les quatre autres

---

(1) On a comparé l'effet produit par les notes de l'accord parfait à celui des signes de ponctuation dans l'écriture usuelle ; la tonique équivaudrait au point, la dominante au point et virgule, et la médiante à la virgule. Cette comparaison ne manque pas d'une certaine exactitude.

notes de la gamme. Ces exercices devront être écrits en mesures à deux, à trois et à quatre temps, d'abord très-simples et progressivement un peu plus compliquées, ce qui rappellera les études faites à propos des signes de durée et préparera en même temps à celles des diverses mesures usitées en musique.

Ces exercices doivent se commencer dès les premières leçons, aussitôt après l'étude des notes; les explications théoriques qui les concernent se donnent à mesure qu'on les étudie.

CHAPITRE IV.

Des intervalles; leur valeur, leurs altérations et leurs renversements.

1. On a vu (p. 22) que l'intervalle entre deux notes emprunte son nom au nombre de degrés à parcourir pour arriver de l'une à l'autre.

Dans tout intervalle, à moins d'indication contraire, la première note appelée est toujours la plus basse.

Ainsi dans l'intervalle de *do* à *mi*, *do* est toujours au-dessous de *mi* avec lequel il forme une tierce; dans l'intervalle *mi do*, *mi* est au-dessous de *do* avec lequel il forme une sixte :

Si la première note est la plus élevée, on l'indique en appelant l'intervalle *inférieur* ou *descendant*. Ainsi l'intervalle descendant *do mi* est une sixte inférieure, l'intervalle descendant *mi do* est une tierce inférieure :

2. Un intervalle est *simple* quand il est compris dans l'étendue d'une octave; il est *composé* ou *multiple* quand il franchit cette limite.

Intervalle simple :

Intervalle composé :

Tous les intervalles sont donc composés à partir de la neu-vième; mais l'on sait que, quelle que soit l'élévation d'une note, elle n'est que la répétition à une, deux, trois octaves ou plus, de la même note placée à une octave inférieure.

Ainsi l'intervalle composé *do mi* :

n'est autre que la tierce simple :

plus une octave. Dans ce cas, au lieu de l'appeler une dixième, on peut lui donner le nom de tierce *redoublée*.

On agit de même avec tous les intervalles composés, en ayant soin d'appeler l'intervalle *triplé*, *quadruplé*, etc., si la note supérieure se trouve dans la troisième, la quatrième octave, etc.

3. Chacune des notes extrêmes d'un intervalle peut être diésée ou bémolisée, c'est-à-dire élevée ou abaissée d'un demi-ton; on peut avoir, par exemple, l'intervalle *do sol* ♯ ou *do sol* ♭, ou bien *do* ♯ *sol* ou *do* ♭ *sol*, etc. La distance parcourue dans ces cas n'est évidemment pas la même que dans l'intervalle *do sol*; on voit qu'elle est augmentée ou diminuée d'un demi-ton.

D'un autre côté, l'intervalle *do mi*, aussi bien que celui de *ré* à *fa*, sont des tierces, mais de *do* à *mi* il y a deux tons (de *do* à *ré* un ton, et de *ré* à *mi* un ton), tandis que de *ré* à *fa* il n'y a qu'un ton et un demi-ton (de *ré* à *mi* un ton, et de *mi* à *fa* un demi-ton). Voilà donc des intervalles de même nom qui représentent des distances inégales. Il peut en être de même pour tous les intervalles, ce qui les a fait classer en intervalles *naturels* et en intervalles *altérés*.

4. La valeur des intervalles naturels est égale à celle des intervalles formés par la tonique et chaque note de la gamme. En conséquence, un intervalle de

Seconde se compose de un ton...................... 1
Tierce   —   deux tons..................... 2
Quarte   —   deux tons et un demi-ton....... 2 et 1/2
Quinte   —   deux tons, un demi-ton et un ton 3 et 1/2
Sixte   —   deux tons, un demi-ton et deux tons 4 et 1/2
Septième   —   deux tons, un demi-ton et trois tons 5 et 1/2
Octave   —   deux tons, un demi-ton, trois tons
  et un demi-ton............................ 5 et 2 1/2

Si l'on remarque que tout intervalle se compose d'un nombre d'intervalles diatoniques ou de secondes égal au chiffre de cet intervalle moins un, (seconde, *un* intervalle diatonique, c'est-à-dire deux moins un ; tierce, *deux* intervalles diatoniques, c'est-à-dire trois moins un ; quinte, *quatre* intervalles diatoniques, c'est-à-dire cinq moins un, etc.); si, d'un autre côté, l'on fait attention que jusqu'à la tierce les intervalles ne contiennent que des tons, et que à partir de la quarte jusqu'à la septième ils sont composés de tons et d'un seul demi-ton, on trouvera rapidement la valeur de tous les intervalles naturels. Pour cela on retranchera un du chiffre de l'intervalle, le chiffre restant indiquera le nombre d'intervalles diatoniques qui le composent, et s'il dépasse deux, il contiendra un demi-ton et le reste en tons.

Ainsi l'intervalle de sixte se compose de cinq intervalles diatoniques, il vaut donc quatre tons et un demi-ton. La quarte se compose de trois intervalles diatoniques, elle vaut donc deux tons et un demi-ton ; il en est de même pour tout autre intervalle simple.

Les intervalles composés se mesurent comme s'ils étaient

simples, on y ajoute seulement autant de fois cinq tons et deux demi-tons qu'il y a d'octaves avec l'intervalle simple.

5. Les intervalles naturels peuvent subir, les uns deux, les autres trois altérations. Ceux qui subissent seulement deux altérations sont-dits intervalles *justes*, ceux qui peuvent en subir trois sont dits intervalles *majeurs*. Les premiers peuvent être *augmentés* ou *diminués* d'un demi-ton ; les seconds peuvent être *augmentés* d'un ou *diminués* d'un ou de deux demi-tons.

— Les intervalles justes sont dits *augmentés* quand ils ont un demi-ton de plus que l'intervalle naturel ; ils sont dits *diminués* quand ils ont un demi-ton de moins : quinte *juste* : *do sol* ; quinte *augmentée do sol* ♯ ou *do* ♭ *sol* ; quinte *diminuée do sol* ♭ ou *do* ♯ *sol*.

— Les intervalles *majeurs*, c'est-à-dire qui peuvent subir trois modifications, sont *augmentés* quand ils ont un demi-ton de plus ; *mineurs*, quand ils ont un demi-ton de moins ; et *diminués*, quand ils ont deux demi-tons de moins. Exemple : tierce *majeure do mi* ; tierce *augmentée do mi* ♯ ; tierce *mineure do mi* ♭ ; tierce *diminuée do* ♯ *mi* ♭. Autre exemple : tierce *majeure ré fa* ♯ ; tierce *augmentée ré* ♭ *fa* ♯ ou *ré fa* ♯♯ ; tierce *mineure ré fa* ; tierce *diminuée ré* ♯ *fa* ou *ré fa* ♭.

— Il y a deux intervalles justes : la quarte et la quinte. Tous les autres sont des intervalles majeurs : la seconde, la tierce, la sixte et la septième.

— Les intervalles composés se mesurent comme si c'étaient des intervalles simples ; on leur ajoute le nombre d'octaves voulues.

6. On nomme *complément* d'un intervalle ce qui lui manque pour en faire une octave. Ainsi le complément de la tierce *do mi* est la sixte *mi do* ; le complément de la sixte *mi do* est la tierce *do mi*.

— Les compléments s'obtiennent en renversant les notes de l'intervalle, c'est-à-dire en élevant la première, ou en abaissant la seconde d'une octave; c'est pourquoi on les appelle encore *renversements*.

Exemple :

Le renversement de tous les intervalles simples de la gamme diatonique donne les résultats suivants :

L'unisson renversé produit l'octave 1 8
La seconde   —   —   la septième..... 2 7
La tierce   —   —   la sixte 3 6
La quarte   —   —   la quinte 4 5
La quinte   —   —   la quarte 5 4
La sixte   —   —   la tierce 6 3
La septième —   —   la seconde 7 2
L'octave   —   —   l'unisson 8 1

On voit que le chiffre qui représente chacun des intervalles, additionné avec celui de son complément, donne toujours le nombre neuf. Il suffira donc, pour obtenir le complément d'un intervalle simple, de trouver la différence du chiffre qui le représente avec le nombre neuf. Ainsi le complément de l'unisson est l'octave, parce que 1 et 8 font neuf; celui de la sixte est la tierce, parce que 6 et 3 font 9; celui de la tierce est la sixte parce que 3 et 6 font 9, etc.

7. Le complément d'un intervalle étant ce qui lui manque pour faire une octave, si l'intervalle est augmenté, son complément sera diminué d'autant; s'il est diminué, son complément sera augmenté.

Les intervalles justes ont seuls pour renversement un intervalle juste : ainsi la quarte juste a pour renversement la quinte juste et réciproquement :

Le complément d'un intervalle majeur est son renversement mineur :

Celui d'un intervalle mineur est son renversement majeur :

Celui d'un intervalle augmenté est diminué :

Celui d'un intervalle diminué est augmenté :

Ce fait devient encore plus clair si on en fait l'application sur la figure suivante :

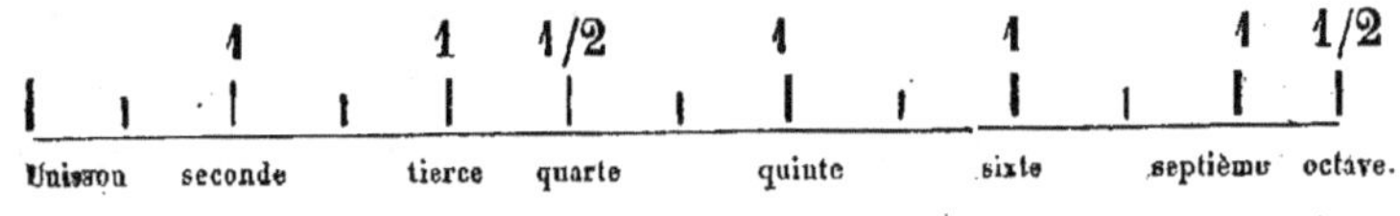

Pour bien se rendre compte de l'étude des intervalles aussi bien que de celle de la formation des gammes, qui se trouve dans les chapitres suivants, il est indispensable de la faire sur le tableau.

CHAPITRE V.

Formation des Gammes diatoniques majeures.

On a vu qu'on pouvait former une gamme diatonique majeure en prenant pour tonique une note quelconque, pourvu que les suivantes fussent disposées de manière à produire avec elle une succession de deux tons, un demi-ton, trois tons et un demi-ton.

Nous avons vu qu'en prenant *do* pour tonique, on avait cette série d'intervalles sans altérer aucune note.

— Si l'on prend pour tonique chacune des notes de cette gamme, voyons ce qui arrivera. En commençant par *ré*, voici la succession des intervalles formés par les notes suivantes :

$$\underset{ré}{}\ \overset{1}{}\ \underset{mi}{}\ \overset{1/2}{}\ \underset{fa}{}\ \overset{1}{}\ \underset{sol}{}\ \overset{1}{}\ \underset{la}{}\ \overset{1}{}\ \underset{si}{}\ \overset{1/2}{}\ \underset{do}{}\ \overset{1}{}\ \underset{ré.}{}$$

On retrouve bien dans cette série de notes la somme de cinq tons et deux demi-tons qui constitue toute gamme diatonique ; mais les deux demi-tons, au lieu d'être placés du troisième au quatrième degré, d'une part, et du septième au huitième, d'autre part, se trouvent du second au troisième et du sixième au septième.

Pour remettre les choses à leur place, il faut donc élever

d'un degré chacun de ces demi-tons, en diésant *fa* et *do*, ce qui donne la gamme diatonique majeure suivante :

$$
\overset{1}{} \quad \overset{1}{} \quad \overset{1/2}{} \quad \overset{1}{} \quad \overset{1}{} \quad \overset{1}{} \quad \overset{1/2}{}
$$

ré   *mi*   *fa* ♯   *sol*   *la*   *si*   *do* ♯   *ré*.

Comme ici les *fa* et les *do* sont tous dièses, on l'indique en diésant ces notes à la clé.

Dans cette gamme, *ré* étant tonique, sa tierce majeure *fa* ♯ devient médiante, sa quinte *la* devient dominante, sa septième *do* ♯ devient sensible et ainsi pour les autres.

L'accord parfait de la gamme ou du ton de *ré* majeur est donc *ré*, *fa* ♯, *la*.

— En prenant *mi* pour tonique,

$$
\overset{1/2}{} \quad \overset{1}{} \quad \overset{1}{} \quad \overset{1}{} \quad \overset{1/2}{} \quad \overset{1}{} \quad \overset{1}{}
$$

mi   *fa*   *sol*   *la*   *si*   *do*   *ré*   *mi*

il faut diéser *fa* pour obtenir le premier ton et *sol* pour le second ; le premier demi-ton se trouve ainsi à sa place, de *sol* ♯ à *la*. Le premier ton suivant se trouve de *la* à *si*; pour le second il faut diéser *do*, et diéser *ré* pour le troisième, le second demi-ton reste placé entre *ré* ♯ et *mi*, et l'on a ainsi une gamme diatonique majeure parfaite :

$$
\overset{1}{} \quad \overset{1}{} \quad \overset{1/2}{} \quad \overset{1}{} \quad \overset{1}{} \quad \overset{1}{} \quad \overset{1/2}{}
$$

mi   *fa* ♯   *sol* ♯   *la*   *si*   *do* ♯   *ré* ♯   *mi*.

On a donc quatre dièses à la clé, *fa*, *do*, *sol*, *ré*; *sol* ♯ tierce de *mi* est devenu médiante, *si* quinte de *mi* est dominante, et l'accord parfait : *mi*, *sol* ♯, *si*.

— En prenant *fa* pour tonique :

1		1		1		1/2		1		1		1/2	
fa		*sol*		*la*		*si*		*do*		*ré*		*mi*	*fa*

le premier demi-ton doit seul être abaissé d'un degré, ce qui s'obtient en bémolisant le *si :*

1		1		1/2		1		1		1		1/2	
fa		*sol*		*la*		*si* ♭		*do*		*ré*		*mi*	*fa*.

Si ♭ à la clé ; accord parfait : *fa, la, do.*

— Avec *sol* pour tonique :

1		1		1/2		1		1		1/2		1	
sol		*la*		*si*		*do*		*ré*		*mi*		*fa*	*sol*

il n'y a qu'à élever d'un degré le dernier demi-ton en diésant *fa :*

1		1		1/2		1		1		1		1/2	
sol		*la*		*si*		*do*		*ré*		*mi*		*fa* ♯	*sol*.

Fa ♯ à la clé ; accord parfait : *sol, si, ré.*

— On pourrait, en continuant ainsi, former des gammes diatoniques majeures en prenant pour toniques les sept notes naturelles, diésées et bémolisées. L'on verrait alors que chacune de ces gammes exige l'introduction d'un nombre plus ou moins grand de dièses ou de bémols à la clé.

Mais en s'arrêtant ici, l'on voit déjà que les gammes de *fa* et de *sol* s'obtiennent par l'altération d'*une seule* des notes du ton de *do*.

Comparons donc ces gammes entr'elles.

CHAPITRE VI.

Formation des Gammes majeures en montant.

1. Dans la gamme en *do* :

$$do \overset{1}{\quad} ré \overset{1}{\quad} mi \overset{1/2}{\quad} fa \overset{1}{\quad} sol \overset{1}{\quad} la \overset{1}{\quad} si \overset{1/2}{\quad} do,$$

sol étant dominante, la sous-dominante *fa* en est éloignée d'un ton ; mais si ce même *sol* devient tonique, *fa* deviendra sensible et sera en conséquence élevé d'un demi-ton. Voilà pourquoi, pour chanter une gamme en *sol* ou un morceau écrit en clé de *sol*, il faut diéser tous les *fa* de ce morceau et pour cela placer un dièse à la clé sur la ligne du *fa* :

Accord parfait : *sol, si, ré.*

— En procédant avec le ton de *sol* ainsi qu'il a été fait avec celui de *do*, c'est-à-dire en prenant pour tonique d'une nouvelle gamme la note *ré* dominante du ton de *sol*, on voit que *do* sous-dominante du ton de *sol* devient sensible, par la transformation de la dominante *ré* en tonique; il doit donc être élevé d'un demi-ton, ce qui donne :

Armure de la clé :

Accord parfait : *ré, fa #, la.*

(On appelle *armure* les accidents, dièses, bémols, bécarres, quel que soit leur nombre, qui sont à la clé.)

— En prenant pour tonique d'une nouvelle gamme *la*, dominante du ton de *ré*, la sous-dominante *sol* devient sensible; elle doit donc être diésée :

Armure de la clé :

Accord parfait : *la, do #, mi.*

— *Mi* dominante de *la* devenant tonique, la sous-dominante *ré* devient sensible et doit être diésée :

Armure de la clé :

Accord parfait : *mi, sol #, si.*

— *Si*, dominante du ton de *mi*, en devenant tonique, transforme la sous-dominante *la* en sensible ; il faut donc diéser cette dernière note :

1   1   1/2   1   1   1   1/2

si   *do* ♯   *ré* ♯   *mi*   *fa* ♯   *sol* ♯   *la* ♯   *si*.

Armure de la clé :

Accord parfait : *si*, *ré* ♯, *fa* ♯.

— La dominante du ton de *si*, comme on le voit, est *fa* ♯ et non pas *fa* qui formerait avec *si* une quinte diminuée. Or, *fa* ♯ devenant tonique, la sous-dominante *mi* devient sensible, il faut donc la diéser :

1   1   1/2   1   1   1   1/2

fa ♯   *sol* ♯   *la* ♯   *si*   *do* ♯   *ré* ♯   *mi* ♯   *fa* ♯

Armure de la clé :

Accord parfait : *fa* ♯, *la* ♯, *do* ♯.

— Avec *do* ♯, dominante du ton de *fa* ♯, pour tonique, la sous-dominante *si* devient sensible ; il faut donc la diéser :

1   1   1/2   1   1   1   1/2

do ♯   *ré* ♯   *mi* ♯   *fa* ♯   *sol* ♯   *la* ♯   *si* ♯   *do* ♯

Armure de la clé :

. Accord parfait : *do* ♯, *mi* ♯, *sol* ♯.

— Pour compléter la formation des gammes en montant, il resterait à établir celles des quintes *sol* ♯, *ré* ♯, *la* ♯, *mi* ♯ *si* ♯; l'on voit déjà que ces gammes s'obtiendraient en plaçant successivement à la clé des doubles-dièses sur les sensibles *fa* ♯, *do* ♯, *sol* ♯, *ré* ♯, *la* ♯. Mais ces tons ne s'emploient qu'accidentellement; on les remplace à la clé par ceux de leurs enharmoniques *la* ♭, *mi* ♭, *si* ♭, *fa* et *do*.

2. Il résulte de ce qui précède : 1° *que les gammes majeures se forment de quinte en quinte en montant ;*

2° *Que dans cette formation, les dominantes du ton d'où l'on part, devenant toniques, les sous-dominantes deviennent sensibles et sont en conséquence élevées d'un demi-ton ;*

3° *Que la succession des dominantes devenues toniques donne la série de tons* sol, ré, la, mi, si, fa ♯ *et* do ♯ ;

Et 4° *que les dièses placés à la clé sur les sensibles de chacune de ces toniques, s'y trouvent toujours dans cet ordre :* FA, DO, SOL, RÉ, LA, MI, SI.

— Il en résulte encore que *lorsque dans un ton de mode majeur, il y a des dièses à la clé,* le dernier dièse étant toujours placé sur la sensible du ton, LA TONIQUE SE TROUVE UN DEMI-TON AU-DESSUS DU DERNIER DIÈSE.

— Si l'on connait seulement le nombre des dièses à la clé ; on trouve le ton en appelant ces dièses dans l'ordre connu, jusqu'au chiffre désigné. Ainsi, si l'on sait qu'il y a quatre dièses à la clé, ces dièses sont *fa, do, sol, ré,* et l'on est en *mi.*

S'il y en a six, ce sont *fa, do, sol, ré, la, mi,* et l'on est en *fa* ♯ ; s'il y en a deux : *fa, do,* l'on est en *ré,* etc.

— Si l'on ne connait que la tonique, l'on sait que le dernier dièse est placé sur sa sensible et l'on trouve les autres en les appelant dans leur ordre. Ainsi, si l'on est en *la,* le dernier dièse est celui de sa sensible *sol,* et les dièses à la clé sont *fa, do, sol.*

CHAPITRE VII.

Formation des Gammes majeures
en descendant.

1. Si l'on procède en sens opposé à celui qui a été suivi jusqu'à présent, c'est-à-dire si l'on descend de quinte en quinte à partir de *do* ♯ jusqu'à *do* ♮, l'on voit que les toniques redevenant successivement dominantes, les sensibles redeviennent sous-dominantes et doivent être abaissées d'un demi-ton. Cet abaissement fait disparaître l'un après l'autre les dièses de la clé, dans l'ordre inverse de celui qui les y a fait placer en montant, c'est-à-dire dans cet ordre : *si, mi, la, ré, sol, do, fa.*

2. Arrivé au ton d'*ut*, c'est-à-dire en l'absence de tout dièse, si l'on continue à former des gammes avec la quinte inférieure de chaque tonique, l'on trouve d'abord *fa*, quinte inférieure de *do*.

Dans cette nouvelle gamme, *do* quittant la fonction de tonique pour celle de dominante, la sensible *si* devient sous-dominante et doit par conséquent être abaissée d'un demi-ton, c'est-à-dire bémolisée à la clé :

1	1	1/2	1	1	1	1/2
fa	*sol*	*la*	*si* ♭	*do*	*ré*	*mi*	*fa*

Armure de la clé :

Accord parfait : *fa la do.*

— En prenant pour tonique *si* ♭, quinte inférieure de *fa*, *mi*, sensible de ce dernier ton, devient sous-dominante et doit être bémolisée :

| 1 | 1 | 1/2 | 1 | 1 | 1 | 1/2 |
| *si* ♭ | *do* | *ré* | *mi* ♭ | *fa* | *sol* | *la* | *si* ♭ |

Armure de la clé :

Accord parfait : *si* ♭ *ré fa*.

— *Mi* ♭ quinte inférieure de *si* ♭, en devenant tonique, transforme la sensible *la* en sous-dominante et en fait *la* ♭ :

| 1 | 1 | 1/2 | 1 | 1 | 1 | 1/2 |
| *mi* ♭ | *fa* | *sol* | *la* ♭ | *si* ♭ | *do* | *ré* | *mi* ♭ |

Armure de la clé :

Accord parfait : *mi* ♭ *sol si* ♭·

— Avec *la* ♭, quinte inférieure de *mi* ♭, pour tonique, la sensible *ré* devient la sous-dominante *ré* ♭ :

| 1 | 1 | 1/2 | 1 | 1 | 1 | 1/2 |
| *la* ♭ | *si* ♭ | *do* | *ré* ♭ | *mi* ♭ | *fa* | *sol* | *la* ♭ |

Armure de la clé :

Accord parfait : *la* ♭ *do mi* ♭·

— *Ré* ♭, quinte inférieure de *la* ♭, devenant tonique, la sensible *sol* devient la sous-dominante *sol* ♭ :

| 1 | 1 | 1/2 | 1 | 1 | 1 | 1/2 |
| *ré* ♭ | *mi* ♭ | *fa* | *sol* ♭ | *la* ♭ | *si* ♭ | *do* | *ré* ♭ |

Armure de la clé :

Accord parfait : *ré* ♭ *fa la* ♭.

— *Sol* ♭, quinte inférieure de *ré* ♭, devenant tonique, la sensible *do* devient la sous-dominante *do* ♭ :

1	1	1/2	1	1	1	1/2
sol ♭	*la* ♭	*si* ♭	*do* ♮	*ré* ♭	*mi* ♭	*fa*	*sol* ♭

Armure de la clé :

Accord parfait : *sol* ♭ *si* ♭ *ré* ♭.

— Avec *do* ♭, quinte inférieure de *sol* ♭, pour tonique, la sensible *fa* devient la sous-dominante *fa* ♭ :

1	1	1/2	1	1	1	1/2
do ♭	*ré* ♭	*mi* ♭	*fa* ♭	*sol* ♭	*la* ♭	*si* ♭	*do* ♭

Armure de la clé :

Accord parfait : *do* ♭ *mi* ♭ *sol* ♭.

Le ton de *fa* ♭, amenant à la clé un double-bémol sur sa sous-dominante *si* ♭, ne s'emploie qu'accidentellement; on le remplace à la clé par celui de son enharmonique *mi*.

3. Il résulte de là que *les gammes se forment de quinte en quinte en descendant; que dans cette formation, les toniques du premier ton devenant dominantes du second, les sensibles deviennent sous-dominantes et sont, en conséquence, abaissées*

*d'un demi-ton; que, à partir du ton de fa, cet abaissement
amène à la clé une succession de bémols disposés de quinte en
quinte en descendant, c'est-à-dire dans cet ordre :* SI, MI, LA,
RÉ, SOL, DO, FA ; *et enfin, que le dernier bémol étant toujours sur la sous-dominante, c'est-à-dire sur la quinte inférieure
de la tonique et l'avant-dernier sur la quinte de cette sous-dominante, c'est-à-dire sur la tonique elle-même,* LORSQU'IL Y A DES
BÉMOLS A LA CLÉ, LA TONIQUE DU MODE MAJEUR EST PLACÉE UNE
QUINTE AU-DESSUS DU DERNIER BÉMOL, OU SUR L'AVANT-DERNIER
BÉMOL, S'IL Y EN A PLUS D'UN.

— Si l'on connaît le nombre des bémols de la clé, on
trouve leur nom en les appelant dans l'ordre convenu, jusqu'au chiffre désigné. Ainsi si l'on sait qu'il y a deux bémols
à la clé, ces bémols sont les deux premiers *si mi* et l'on est en
si ♭ ; s'il y en a cinq, ce sont *si, mi, la, ré, sol* et l'on est en *ré* ♭.

— Si l'on connaît seulement la tonique, l'on sait que le
dernier bémol est une quinte au-dessous de cette tonique ;
les autres se trouvent donc en les appelant dans leur ordre,
c'est-à-dire de quinte en quinte en descendant à partir de *si* ♭
jusqu'à celui qu'on sait être le dernier.

Si, par exemple, on est en *mi* ♭, le dernier bémol est
celui de la quinte inférieure *la* ♭ et l'armure de la clé porte
si, mi, la bémols. Si l'on est en *sol* ♭, le dernier bémol est
celui de la quinte inférieure *do* ♭ ; armure de la clé : *si,
mi, la, ré, sol, do* bémols.

4. Quand le nom de la tonique est connu, on trouve son
élévation au moyen d'un petit instrument appelé *diapason*,
qui fait entendre une seule note, le *la*. Avec le son de ce *la*
on arrive à celui de toute autre note soit par degrés diatoniques ; soit en prenant le son d'une des notes de l'accord
parfait du ton qu'on cherche, surtout celui de la dominante ;
soit en passant directement du *la* à la tonique indiquée.

CHAPITRE VIII.

Gamme diatonique de mode mineur.

1. On a vu que dans la gamme mineure les demi-tons se trouvent du second au troisième degré et du cinquième au sixième, ce qui produit une succession de *un ton, un demi-ton, deux tons, un demi-ton et deux tons.*

La gamme mineure en *la* donnant cette succession avec toutes les notes naturelles :

1   1/2   1   1   1/2   1   1
la   si   do   ré   mi   fa   sol   la,

c'est elle qui sert de modèle pour l'étude de ce mode.

— Mais avant d'aller plus loin, nous devons faire observer que la position de toutes les notes dans cette gamme n'est pas immuable, comme dans le mode majeur. C'est sur la sensible que porte le déplacement ; celle-ci peut en effet être élevée d'un demi-ton sans faire perdre au mode son caractère :

1   1/2   1   1   1/2   1 1/2   1/2
la   si   do   ré   mi   fa   sol ♯   la.

On voit que cette élévation de la sensible produit un intervalle de seconde augmentée entre la sus-dominante et la sensible. Cette élévation a lieu surtout en montant et disparaît le plus souvent en descendant :

la si do ré mi fa sol ♯ la, — la sol ♮ fa mi ré do si la.

Parfois aussi la sixte se trouve élevée d'un demi-ton ; mais alors l'on n'est plus, à proprement parler, en mode mineur, mais bien en majeur, au moins pour la seconde partie de la gamme.

Tout en ne perdant pas de vue la possibilité de ces dispositions de la gamme mineure, nous n'y aurons plus égard dans la suite de cette étude.

2. Chacune des notes de la gamme mineure conserve le nom qu'elle portait dans la gamme majeure : première tonique, seconde sus-tonique, tierce médiante, quarte sous-dominante, quinte dominante, sixte sus-dominante, septième sensible. Leurs fonctions sont également les mêmes.

L'accord parfait, dans le mode mineur de même que dans le mode majeur, se compose de la tonique, de la tierce et de la quinte ; mais il s'en distingue en ce que dans le mode mineur la médiante fait une tierce mineure avec la tonique.

3. Si l'on compare une gamme majeure à une mineure :

	1		1		1/2		1		1		1		1/2	
la		*si*		*do* ♯		*ré*		*mi*		*fa* ♯		*sol* ♯		*la* .

	1		1/2		1		1		1/2		1		1	
la		*si*		*do*		*ré*		*mi*		*fa*		*sol*		*la* .

on voit que trois notes de la gamme majeure ont été abaissées d'un demi-ton, pour en faire une gamme mineure, savoir la tierce *do* ♯, la sixte *fa* ♯ et la sensible *sol* ♯.

Mais l'on a vu que la sensible du mode mineur peut être élevée d'un demi-ton sans faire perdre son caractère à ce mode ; ces gammes ne diffèrent donc essentiellement que par la position de la tierce et de la sixte qui sont mineures dans le mode mineur et majeures dans le mode majeur.

Ces deux notes, tierce et sixte, dont la position caractérise ainsi le mode, sont nommées à cause de cela *notes modales*.

4. Gammes homonymes. Pour transformer une gamme majeure en la même gamme mineure, il suffit donc d'abaisser les notes modales d'un demi-ton ; et pour transformer une gamme mineure en majeure, de les élever d'un demi-ton.

Ces deux gammes, l'une majeure et l'autre mineure, ayant la même tonique, se nomment *gammes homonymes*, c'est-à-dire de même nom.

Mais l'on sait que, dans une gamme mineure, la sensible peut être abaissée d'un demi-ton. Or, la sensible est la première note qui s'abaisse à la clé dans la formation des gammes en descendant ; la tierce ou première note modale est la quinte inférieure de cette sensible, et la sixte ou deuxième modale est la quinte inférieure de la tierce. Les trois notes à abaisser à la clé, pour transformer une gamme majeure en son homonyme mineure, sont donc celles qui y sont successivement amenées dans la formation des gammes majeures en descendant.

Il résulte de là que, pour transformer une gamme majeure en son homonyme mineure, il faut abaisser d'un demi-ton les trois premiers accidents qui s'abaisseraient pour former des gammes en descendant. S'il n'y en a point, ou s'il y a des bémols, on place les trois bémols qui arrivent à la suite du dernier dans l'ordre connu : *si, mi, la, ré, sol, do, fa.*

S'il y a plusieurs dièses, on supprime les trois derniers ; s'il n'y en a que deux, on les supprime et on ajoute un bémol ; s'il n'y en a qu'un, on le supprime et on ajoute deux bémols.

5. Gammes relatives. On appelle *relatives*, deux gammes, l'une majeure et l'autre mineure, qui ont la même armure à la clé.

On vient de voir que, pour transformer une gamme majeure en son homonyme mineure, il fallait abaisser d'un demi-ton les trois derniers accidents de la clé. Ainsi, le ton d'*ut* majeur devient celui d'*ut* mineur par la position des trois bémols *si mi la,* qui sont aussi l'armure du ton de *mi* ♭ majeur; le ton de *mi* ♭ majeur est donc le relatif de celui d'*ut* mineur avec lequel il forme une tierce mineure *do mi* ♭.

Le ton de *la* mineur, formé par la suppression des trois dièses du même ton majeur, est le relatif du ton de *do* majeur avec lequel il forme aussi une tierce mineure *la do.*

Le même fait se reproduit pour toutes les autres gammes relatives, c'est-à-dire que la tonique majeure est une tierce mineure au-dessus de son relatif mineur.

Voici le tableau de tous les tons majeurs avec leurs relatifs mineurs. :

Si donc un morceau est dans le mode mineur, on trouvera sa tonique une tierce mineure au-dessous de celle de son relatif majeur. S'il y a par exemple un dièse à la clé, la tonique majeure étant *sol,* la tonique mineure sera *mi,* placé une tierce mineure au-dessous.

6. Il y a plusieurs moyens de savoir si un morceau est en ton majeur ou en son relatif mineur. Le meilleur consiste à regarder si les premières mesures renferment les notes de l'accord parfait majeur ou celles de l'accord parfait de son relatif mineur; mais ce moyen n'est pas le plus facile, surtout pour les commençants, à cause de la présence des *notes de passage*, c'est-à-dire de notes étrangères à l'harmonie.

Un autre moyen consiste à voir si la sensible du ton mineur, qui est la dominante du ton majeur, n'est pas parfois élevée d'un demi-ton. Dans le cas de l'affirmative, le morceau est écrit dans le mode mineur.

Un troisième moyen, le plus facile mais non pas le plus sûr, consiste à chercher la dernière note du morceau qui, dans le chant, est presque toujours la tonique; ou bien, si le morceau est à plusieurs parties, le dernier accord qui est habituellement l'accord parfait de la tonique.

Ainsi, sans accidents à la clé on est en *do* majeur ou en *la* mineur. On est en *do* si les premières mesures du morceau renferment les notes de l'accord parfait *do mi sol*, si la dominante *sol* est toujours naturelle, si la dernière note du chant ou le dernier accord du morceau est *do* ou son accord parfait. On est en *la* mineur si les premiers accords sont *la do mi*; si la sensible *sol* est habituellement diésée; si la dernière note du morceau est *la* ou si le dernier accord est l'accord parfait mineur de *la*.

CHAPITRE IX.

Formation des Gammes mineures.

1. De même que les gammes majeures, les gammes mineures se forment de quinte en quinte en montant. Comparons donc entre elles les gammes de *la* mineur et celle de sa quinte *mi* :

	1/2	1	1	1/2	1	1
la	*si*	*do*	*ré*	*mi*	*fa*	*sol*	*la*.

	1/2	1	1	1	1/2	1	1
mi	*fa*	*sol*	*la*	*si*	*do*	*ré*	*mi*.

Dans le ton de *la* mineur, la dominante *mi* avait pour sus-dominante la deuxième note modale *fa*, qui n'en est éloignée que d'un demi-ton ; mais la dominante *mi* devenant tonique, sa sus-dominante *fa* devient sus-tonique et doit être élevée d'un demi-ton pour former le premier ton de la nouvelle gamme qui se trouve ainsi régulière :

	1/2	1	1	1/2	1	1
mi	*fa* ♯	*sol*	*la*	*si*	*do*	*ré*	*mi*.

Armure de la clé :

Accord parfait : *mi sol si*. — Notes modales : *sol do*.

— En prenant pour tonique d'une nouvelle gamme mineure *si* dominante du ton de *mi*, la sus-dominante *do* devient sus-tonique et doit être élevée d'un demi-ton :

	1		1/2		1		1		1/2		1		1	
si		*do* ♯		*ré*		*mi*		*fa* ♯		*sol*		*la*		*si*.

Armure de la clé :

Accord parfait : *si ré fa* ♯. — Notes modales : *ré sol.*

— Avec *fa* ♯, dominante du ton de *si* pour tonique, la sus-dominante *sol* est élevée d'un demi-ton pour devenir sus-tonique :

	1		1/2		1		1		1/2		1		1	
fa ♯		*sol* ♯		*la*		*si*		*do* ♯		*ré*		*mi*		*fa* ♯.

Armure de la clé :

Accord parfait : *fa* ♯ *la do* ♯. — Notes modales : *la ré.*

— Dans le ton de *do* ♯ mineur, *ré*, sus-dominante du ton de *fa* ♯ mineur, devient sus-tonique et doit par conséquent être diésée :

	1		1/2		1		1		1/2		1		1	
do ♯		*ré* ♯		*mi*		*fa* ♯		*sol* ♯		*la*		*si*		*do* ♯.

Armure de la clé :

Accord parfait : *do* ♯ *mi sol* ♯. — Notes modales : *mi la.*

— Les tons mineurs des autres notes diésées ne s'emploient qu'accidentellement ; on les remplace à la clé par ceux de leurs enharmoniques, comme dans le mode majeur.

2. On voit par ce qui précède que *les gammes mineures se forment de quinte en quinte en montant ; que dans cette formation les sus-dominantes, devenant sus-toniques, sont élevées d'un demi-ton, ce qui amène à la clé une suite de dièses placés de quinte en quinte, de fa ♯ à ré ♯, de même que dans le mode majeur : fa do sol ré.*

Dans cette série de dièses, le dernier se *trouvant toujours* placé sur la sus-tonique, *le ton est indiqué par la note située un ton au-dessous du dernier dièse.*

3. Les gammes mineures se forment également de quinte en quinte en descendant :

	1		1/2		1		1		1/2		1		1	
la		*si*		*do*		*ré*		*mi*		*fa*		*sol*		*la*.

	1		1/2		1		1		1		1/2		1	
ré		*mi*		*fa*		*sol*		*LA*		*si*		*do*		*ré*.

Ici la tonique *la* devenant dominante, la sus-tonique *si* devient sus-dominante ; elle doit donc être abaissée d'un demi-ton, c'est-à-dire bémolisée :

	1		1/2		1		1		1/2		1		1	
ré		*mi*		*fa*		*sol*		*la*		*si* ♭		*do*		*ré*.

Armure de la clé :

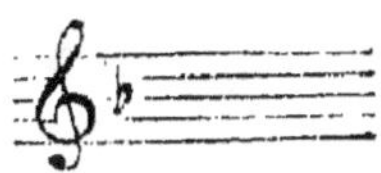

Accord parfait : *ré fa la*. — Notes modales : *fa si ♭*.

— Avec *sol*, quinte inférieure de *ré*, pour tonique, la tonique *ré* devient dominante et la sus-tonique *mi* devient sus-dominante ; elle doit donc être bémolisée :

	1		1/2		1		1		1/2		1		1	
sol		*la*		*si* ♭		*do*		*ré*		*mi* ♭		*fa*		*sol.*

Armure de la clé :

Accord parfait : *sol si* ♭ *ré.* — Notes modales : *si* ♭ *mi* ♭.

— Avec *do*, quinte inférieure de *sol*, pour tonique, *sol* devient dominante et la sus-tonique *la*, devenant sus-dominante, est abaissée d'un demi-ton :

	1		1/2		1		1		1/2		1		1	
do		*ré*		*mi* ♭		*fa*		*sol*		*la* ♭		*si* ♭		*do.*

Armure de la clé :

Accord parfait : *do mi* ♭ *sol.* — Notes modales : *mi* ♭ *la* ♭.

— *Fa*, quinte inférieure de *do*, devenant tonique, *do* devient dominante et sa sus-tonique *ré* devient sa sus-dominante *ré* ♭ :

	1		1/2		1		1		1/2		1		1	
fa		*sol*		*la* ♭		*si* ♭		*do*		*ré* ♭		*mi* ♭		*fa.*

Armure de la clé :

Accord parfait : *fa la* ♭ *do.* — Notes modales : *la* ♭ *ré* ♭.

— *Si* ♭, quinte inférieure de *fa*, en devenant tonique, transforme la tonique *fa* en dominante et la sus-tonique *sol* en sus-dominante *sol* ♭ :

1	1/2	1	1	1/2	1	1

si ♭   *do*   *ré* ♭   *mi* ♭   *a*   *sol* ♭   *la* ♭   *si* ♭.

Armure de la clé :

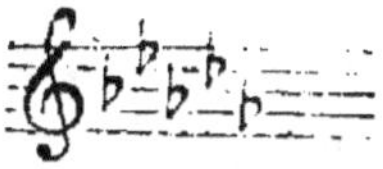

Accord parfait : *si* ♭ *ré* ♭ *fa*. — Notes modales : *ré* ♭ *sol* ♭.

— Avec *mi* ♭, quinte inférieure de *si* ♭, pour tonique, la tonique *si* ♭ devient dominante et sa sus-tonique *do* devient sa susdominante *do* ♭ :

1	1/2	1	1	1/2	1	1

mi ♭   *fa*   *sol* ♭   *la* ♭   *si* ♭   *do* ♭   *ré* ♭   *mi* ♭.

Armure de la clé :

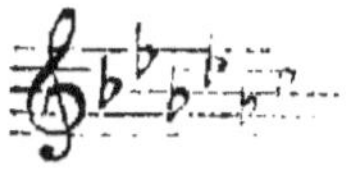

Accord parfait : *mi* ♭ *sol* ♭ *si* ♭. — Notes modales : *sol* ♭ *do* ♭.

La ♭, quinte inférieure de *do* ♭, devenant tonique, la tonique *mi* ♭ devient dominante et la sus-tonique *fa* devient la sus-dominante *fa* ♭ :

1	1/2	1	1	1/2	1	1

la ♭   *si* ♭   *do* ♭   *ré* ♭   *mi* ♭   *fa* ♭   *sol* ♭   *la* ♭.

Armure de la clé :

Accord parfait : *la* ♭ *do* ♭ *mi* ♭. — Notes modales : *do* ♭ *fa* ♭.

— Les tons de *ré* ♭, *sol* ♭, *do* ♭ et *fa* ♭ mineurs ne s'emploient qu'accidentellement ; on les remplace par ceux de leurs enharmoniques *do* ♯, *fa* ♯, *si* et *mi*.

4. On voit par là que *les gammes de mode mineur se forment de quinte en quinte en descendant ; que dans cette formation, la sus-tonique du premier ton devenant sus-dominante du second, doit être abaissée d'un demi-ton ; que s'il y a des dièses à la clé, cet abaissement s'obtient par la suppression du dernier dièse, et, s'il n'y en pas, par l'addition d'un bémol devant la sus-tonique devenue sus-dominante, ce qui amène à la clé une succession de bémols placés de quinte en quinte en descendant, de manière à former la série* SI MI LA RÉ SOL DO FA *bémols, comme dans le mode majeur.*

Si, dans le mode mineur, il y a des bémols à la clé, le dernier bémol étant placé sur la sus-dominante, la tonique se trouve une tierce majeure au-dessus du dernier bémol.

CHAPITRE X.

De la Modulation.

1. Pour faciliter la lecture des notes, il est indispensable de se bien rendre compte des accords qu'elles forment dans leur succession (1); ces accords s'enchaînent et se succèdent toujours dans un ordre régulier qui constitue la *modulation*.

La *modulation* est donc l'ordre dans lequel s'enchaînent les différents tons et modes qui se succèdent dans un morceau de musique.

Cette succession a lieu entre les tons les plus rapprochés; or, on a vu, dans la formation des gammes, que ces tons, pour une gamme majeure, sont, d'une part, ceux de sa dominante et de sa sous-dominante, et, d'autre part, celui de son relatif mineur.

Les deux premiers, en effet, ne diffèrent du ton primitif que d'un dièse ou d'un bémol de plus ou de moins à la clé, et le troisième, que par le dièse accidentel de sa sensible.

En prenant le ton d'*ut* majeur pour exemple, l'on voit que le ton de sa dominante *sol* amène un dièse à la clé; celui de sa quarte *fa* y amène un bémol et celui de son relatif mineur

---

(1) Une mélodie ne renferme pas seulement les notes de l'harmonie; celles-ci sont le plus habituellement accompagnées de notes d'agrément et de *notes de passage* diatoniques ou chromatiques qui les relient entr'elles en les ornant et qui, par conséquent, ne font pas partie de l'accord auquel elles appartiennent. L'analyse, à ce point de vue, de quelques phrases musicales, permet bien vite de les reconnaître et d'isoler ainsi les notes essentielles.

la ne change rien à la clé, mais fait diéser accidentellement sa sensible *sol*.

Tout autre ton donnerait le même résultat : ainsi le ton de *sol* a un dièse à la clé ; celui de sa dominante *ré* en a deux ; celui de sa quarte *do* n'en a point, et celui de son relatif mineur *mi* ne change rien à la clé ; il a seulement un dièse accidentel sur sa sensible *ré*.

Il en serait de même avec tous les autres tons.

Les accords de ces trois notes d'une gamme majeure, quinte, quarte et sixte, s'appellent des *relatifs de première classe*.

Deux accords homonymes majeur et mineur sont également des relatifs de première classe ; ainsi le ton d'*ut* majeur est relatif de celui d'*ut* mineur.

Il se fait encore des modulations avec des accords plus éloignés de la gamme primitive que les précédents, savoir : 1° l'accord mineur de la seconde, soit le relatif mineur de la quarte qui, de même que le ton de cette note, a, à la clé, un bémol de plus que le ton primitif et en outre un dièse accidentel sur sa sensible ; 2° l'accord mineur de la tierce, relatif mineur de la dominante qui, de même que le ton de celle-ci, a à la clé un dièse de plus que le ton primitif et un dièse accidentel sur sa sensible.

Ainsi par exemple, le ton d'*ut* majeur peut amener l'accord de *ré* mineur, tierce inférieure de sa quarte *fa* ou celui de *mi* mineur, relatif mineur de sa quinte *sol*.

Ces accords sont dits *relatifs de seconde classe*.

Les accords relatifs d'un ton majeur sont donc :

1re classe	1° l'accord majeur de sa quarte ; 2° celui de sa quinte ; 3° l'accord mineur de la sixte ; 4° celui de la tonique.
2e classe	5° l'accord mineur de la seconde ; 6° celui de la tierce.

Le ton d'*ut* majeur par exemple, qui s'écrit sans accidents à la clé, a donc pour relatifs les accords suivants :

1re classe	*Fa* majeur *(si ♭ à la clé)*, *Sol* majeur *(fa ♯ à la clé)*, *La* mineur *(sol ♯ accidentel)*, *Do* mineur (3 bémols à la clé, *si* ♮ accidentel ;
2e classe	*Ré* mineur *(si ♭ à la clé, do ♯ accidentel)*, *Mi* mineur *(fa ♯ à la clé, ré ♯ accidentel)*.

On trouverait de même les relatifs de tous les tons majeurs.

L'accord de la sensible d'un ton majeur est le seul qui ne
s'enchaîne pas avec celui de la tonique ; c'est que la quinte de
cette note est une quinte diminuée et formerait ainsi avec elle
un accord *dissonant* qui ne peut pas se faire entendre sans être
préparé et *résolu*, c'est-à-dire précédé ou suivi d'accords qui
le relient aux accords les plus proches.

2. La gamme mineure a également six relatifs, savoir : 1° son
relatif majeur, soit l'accord majeur de sa tierce qui n'a qu'un
dièse accidentel de moins ; 2° l'accord mineur de sa quarte
(un bémol de plus à la clé et un dièse accidentel de moins) ;
3° l'accord mineur de sa quinte (un dièse de plus à la clé, le
dièse accidentel de la sensible du premier ton en moins et
celui de la sensible du nouveau ton en plus) ; 4° son homonyme majeur ; 5° l'accord majeur de sa sixte (un bémol de
plus à la clé, un dièse accidentel de moins) ; 6° l'accord majeur
de sa septième (un dièse de plus à la clé, le dièse accidentel
de moins).

Ces quatre premiers relatifs sont de première classe et les
deux derniers de seconde classe. L'accord de la sus-tonique
du mode mineur ne s'enchaîne pas avec celui de la tonique,
parce que la quinte qu'elle forme avec la seconde note modale
est une quinte diminuée.

En résumé, les relatifs d'une gamme mineure sont :

1re classe.
1° L'accord majeur de sa tierce,
2° L'accord mineur de sa quarte,
3° Celui de sa quinte,
4° L'accord majeur de sa tonique;

2e classe.
5° L'accord majeur de sa sixte,
6° Celui de sa septième.

Faisant l'application de ce qui précède au ton de *la* mineur qui s'écrit sans armure à la clé, ses relatifs seront les accords suivants :

1re classe.
Ut majeur (pas de *sol* ♯ accidentel);
Ré mineur (*si* ♭ à la clé, pas de *sol* ♯ accidentel, *do* ♮ accidentel);
Mi mineur (*fa* ♯ à la clé, pas de *sol* ♯ accidentel, *ré* ♯ accidentel);
La majeur.

2e classe.
Fa majeur (*si* ♭ à la clé, pas de *sol* ♯ accidentel);
Sol majeur (*fa* ♯ à la clé, pas de *sol* ♯ accidentel).

3. Nous venons de voir la série d'accords qui peuvent suivre et précéder ceux d'un ton majeur ou mineur; ces accords peuvent être des quintes, des septièmes ou des neuvièmes, à l'état direct ou à l'état de renversement.

Chacun d'eux peut à son tour servir de point de départ à une nouvelle série de relatifs qui lui sont propres; ces modulations permettent donc de passer dans les tons les plus éloignés du ton primitif et de revenir ensuite de la même manière à l'accord de ce ton.

Les élèves devront se rendre bien compte de la succession des accords dans les morceaux qu'ils auront à chanter; l'analyse de ces séries d'accords leur deviendra bientôt familière et l'une des plus grandes difficultés de la lecture musicale aura disparu.

DEUXIÈME SECTION.

De la Durée ou du Rhythme.

CHAPITRE I.

Des temps de la mesure. — Temps forts, Temps faibles, — Syncope.

1. On a vu que, pour *mesurer* la durée de chaque note et de chaque silence qui entrent dans la composition d'un morceau de musique, on divise celui-ci en un certain nombre de parties d'une durée égale, quel que soit le nombre des notes que ces parties renferment, et qu'on nomme *mesures*. Ces mesures elles-mêmes se divisent en deux, trois ou quatre parties d'une égale durée et qu'on nomme *temps*.

Cette division de la durée d'un morceau en mesures renfermant toutes une égale valeur, ne se fait pas d'une manière arbitraire; elle est indiquée par le retour à peu près périodique d'un son plus fort ou plus accentué, au premier temps de chaque mesure. (On verra plus loin dans quel cas le temps fort de la mesure est déplacé.)

Dans la mesure à deux temps, le premier temps est donc fort et le second faible; dans celle à trois temps, le premier temps est fort, le second faible et le troisième encore plus faible; dans la mesure à quatre temps, le premier temps est fort, le second faible, le troisième un peu fort, mais moins que le premier, et le quatrième faible. La mesure à quatre temps peut donc être considérée comme une double mesure à deux temps dont la seconde partie serait plus faible que la première.

2. Chaque temps de la mesure peut renfermer une valeur dont les divisions se font de *deux en deux*; il peut renfermer une noire qui vaut deux croches ou quatre doubles-croches, etc.; ou bien une blanche qui se divise en deux noires ou quatre croches, etc.; il peut encore ne contenir qu'une croche qui vaut deux doubles-croches, etc.

Dans ces cas, la mesure est dite à mouvement *binaire* (de *bis*, deux fois). La *mesure binaire* est donc celle dont la valeur de chaque temps est divisible par deux.

—Mais il peut arriver que l'unité de temps, au lieu de se diviser de deux en deux, se divise par *trois*; le temps renferme alors la valeur d'une noire pointée ou de trois croches, ou bien celle d'une blanche pointée ou de trois noires, etc.

La mesure est dite alors à mouvement *ternaire* (*ter*, trois fois). La *mesure ternaire* est donc celle dont la valeur de chaque temps est divisible par trois.

Les mesures binaires et les mesures ternaires peuvent se battre à deux, à trois et à quatre temps.

— Dans certains ouvrages de musique les mesures binaires sont dites *simples* et les ternaires sont appelées *composées*; mais ces dénominations n'exprimant pas une idée juste, nous ne les emploierons pas.

3. Des temps ternaires peuvent être introduits accidentellement dans des mesures binaires ; on les surmonte du chiffre
3 et on les nomme *triolet* :

Le triolet peut remplacer une mesure entière :

ou un temps seulement, comme dans le premier exemple ; ou
même une des divisions du temps :

— On introduit aussi dans les mouvements ternaires des
mesures, des temps et des fractions de temps binaires qu'on
surmonte d'un 2.

— Si à la place des trois croches d'un triolet, il y a six doubles croches surmontées d'un 6, on les appelle *sextolet* ou
sixain :

Il ne faut pas confondre le double triolet en doubles-croches
avec le sixain ; dans le premier l'accentuation se fait de trois
en trois notes, et dans le second de deux en deux comme on
le verra au paragraphe suivant.

4. De même que la mesure, chaque temps a des parties
fortes et des parties faibles.

La première partie de chaque temps est forte ; sa force va

en diminuant jusqu'à la fin du temps, pour s'accentuer de nouveau au temps suivant.

Ainsi, dans une mesure binaire dont chaque temps renferme deux noires ou deux croches, la première s'accentue plus que la seconde ; si le temps renferme des doubles-croches, l'accentuation se fait de deux en deux doubles-croches, c'est-à-dire sur la première et sur la troisième de chaque temps.

Dans les mouvements ternaires formés de trois croches, la première est forte et les deux suivantes faibles ; si celles-ci sont remplacées par six doubles-croches, l'accentuation se fait de deux en deux doubles-croches, c'est-à-dire sur les première, troisième et cinquième.

Dans les triolets en doubles-croches, l'accentuation se fait de trois en trois doubles-croches, c'est-à-dire que la première double-croche est forte et les deux suivantes sont faibles, comme dans les temps ternaires.

5. Les règles de l'accentuation de la mesure et des temps comportent un certain nombre d'exceptions. Le temps fort de la mesure et les parties fortes du temps peuvent être déplacés et prendre la place des temps faibles.

Voici comment cela a lieu : lorsqu'une note est *attaquée*, c'est-à-dire quand on commence à la faire entendre, elle est ordinairement plus forte que lorsqu'elle se termine ; si donc on attaque une note sur un temps faible et qu'elle se prolonge dans le temps fort qui la suit, ce second temps deviendra faible.

Exemple :

On voit ici un *do* blanche commencer sur le second temps de la mesure qui est faible et se prolonger sur le troisième qui est fort et qui ainsi devient faible ; il en est de même du *ré* et du *si* qui suivent.

C'est ce qu'on nomme une *syncope*.

La syncope est donc un déplacement du temps fort de la mesure.

Elle ne se fait pas seulement d'un temps à un autre, mais aussi entre les parties des temps :

— Les parties fortes de la mesure peuvent encore être déplacées par les contre-temps et par les signes d'intensité.

Les *contre-temps* représentent la partie faible du temps ; ils se font en battant en silence un temps fort ou la partie forte d'un temps, tandis que les notes se trouvent seulement sur la partie faible :

— Les signes d'intensité, dont nous parlerons plus loin, déplacent encore l'accent et font accentuer les contre-temps, si les signes de force sont sur les temps faibles et les signes de faiblesse sur les temps forts.

CHAPITRE II.

De la Mesure.

1. On a vu qu'il y a des mesures à deux, à trois et à quatre temps, et que chacun de ces temps peut renfermer une
valeur binaire ou une valeur ternaire.

Il y a donc six manières d'écrire la mesure.

Mais l'unité de temps, c'est-à-dire la valeur que renferme
un temps n'est pas toujours la même. Le temps binaire peut
renfermer la valeur d'une ronde, d'une blanche, d'une noire
ou d'une croche, et le temps ternaire les mêmes valeurs
pointées, de sorte que la mesure à deux temps serait formée
de deux rondes, ou deux blanches, ou deux noires ou deux
croches; celle à trois temps en aurait trois et celle à quatre
temps, quatre.

Voici le tableau des mesures les plus usitées en musique :

Mesures binaires

A deux temps,

C ou 2 $\dfrac{2}{4}$

Deux blanches (une par temps). — Deux noires (une par temps).

A trois temps,

$\dfrac{3}{4}$ $\dfrac{3}{8}$

Trois noires (une par temps). — Trois croches (une par temps).

A quatre temps,

C ou 4 ou $\dfrac{4}{4}$

Quatre noires (une par temps).

Mesures ternaires

A deux temps,

$$\frac{6}{4} \qquad\qquad \frac{6}{8}$$

Six noires (trois par temps). — Six croches (trois par temps).

A trois temps,   A quatre temps,

$$\frac{9}{8} \qquad\qquad \frac{12}{8}$$

Neuf croches (trois par temps). Douze croches (3 par temps).

2. La mesure à deux temps ₵ ou 2 renferme donc la valeur d'une ronde et chaque temps celle d'une blanche.

La mesure à quatre temps C renferme également la valeur d'une ronde, mais chaque temps n'en valant que le quart, ne contient que la valeur d'une noire.

Dans les autres mesures indiquées par deux chiffres placés l'un au-dessus de l'autre, la ronde est prise pour unité de mesure, le chiffre inférieur indique son degré de division, et le supérieur la quantité de cette division qui entre dans la mesure.

Ainsi la mesure à $\frac{2}{4}$ veut dire que la ronde est divisée en quatre parties et qu'il en entre deux dans la mesure; elle se bat à deux temps dont chacun vaut une noire.

La mesure $\frac{3}{4}$ renferme la valeur de trois quarts de ronde ou trois noires; elle se bat à trois temps, dont chacun renferme la valeur d'une noire.

$\frac{3}{8}$ signifie que la mesure contient trois fois la huitième partie de la ronde ou trois croches; elle se bat à trois temps qui valent chacun une croche.

La mesure ternaire $\frac{6}{4}$ est composée de six noires ; elle se bat à deux temps qui valent chacun trois noires.

Celle à $\frac{6}{8}$ se compose de six huitièmes de ronde ou six croches ; elle se bat à deux temps qui valent chacun trois croches.

La mesure à $\frac{9}{8}$, ou à neuf croches, se bat à trois temps valant trois croches chacun.

$\frac{12}{8}$ ou douze croches se bat à quatre temps qui valent chacun trois croches.

— Pour savoir si une mesure est binaire ou ternaire, il faut se rappeler que le chiffre supérieur des mesures binaires ne dépasse jamais quatre, et celui des mesures ternaires n'est jamais au-dessous de six.

— Ces mesures se nomment en appelant l'un après l'autre les chiffres qui les désignent : $\frac{2}{4}$, deux-quatre ; $\frac{3}{4}$, trois-quatre ; $\frac{6}{8}$, six-huit ; $\frac{9}{8}$, neuf-huit, etc.

3. On trouve parfois, surtout dans l'ancienne musique, des mesures autres que celles dont on vient de parler, par exemple des mesures à $\frac{3}{2}$, à $\frac{4}{2}$, à $\frac{9}{4}$, à $\frac{12}{4}$, à $\frac{2}{8}$, à $\frac{4}{8}$, à $\frac{6}{16}$, etc.; il sera facile de comprendre tout ce qui les concerne en se rappelant ce qui précède.

— Des auteurs modernes, pour obtenir une plus grande variété de rhythme, écrivent des mesures à *cinq* et à *sept* temps ; ces mesures se forment en combinant les mesures à deux temps avec celles à trois temps, et celles à trois temps avec celles à quatre temps.

4. Un morceau de musique ne commence pas toujours par le premier temps fort; dans ce cas, la première mesure est *incomplète*; on bat alors en silence toute la partie qui n'est pas notée et le chant commence seulement sur le temps ou la partie du temps où est la première note.

Le complément de cette mesure se retrouve à la fin de la reprise ou du morceau.

CHAPITRE III.

Du Mouvement.

1. Tous les signes étudiés jusqu'à présent n'ont fait connaître que la *durée relative* des sons et des silences ; il reste à étudier les signes de *durée absolue*, c'est-à-dire ceux qui indiquent le temps précis que doit durer une note ou une mesure et par conséquent toutes les notes ou toutes les mesures d'un morceau de musique. C'est ce qu'on nomme le *mouvement*.

Ainsi que cela a été dit au chapitre des signes de durée, on se sert, pour indiquer le mouvement, soit du *métronome*, soit de *mots italiens* placés en tête d'un morceau.

Voici la liste de ces mots avec leurs abréviations et leur signification, en commençant par les plus lents :

Largo	Très-large, très-lent.
Larghetto	Un peu moins lent que *Largo*.
Adagio	Lent.
Lento	Lent, traînant.
Grave	Lent et grave.
Maëstoso, Maëst	Lent et majestueux.
Andante, and^{te}	En allant, posément.
Adantino, And^{no}	Un peu moins lent qu'*Andante*.
Moderato, Mod^{to}	Modérément.
Allegretto, All^{to} ...	Un peu gaiment, moins vif qu'*Allegro*.
Allegro, All^o	Gai, animé.
Vivace	Vivement.
Presto	Preste, très-vite.
Prestissimo	Extrèmement vite.

2. La valeur de ces mots peut être modifiée par l'adjonction des mots suivants qui augmentent ou diminuent le mouvement qu'ils indiquent :

Un poco...............	Un peu.
Molto ou *Assai*..........	Très, beaucoup.
Non troppo ou *Non tanto*.	Pas trop, pas autant.
Mà non troppo..........	Mais pas trop.
Meno	Moins.
Più...................	Plus.
Mosso	Animé.
Quasi	Presque.
Brioso	Vif, brillant.
Con moto.............	Avec mouvement.

Ainsi l'on dit : *un poco adagio, allegro assai, molto vivace, non tanto presto, quasi allegro, allegro mosso*, etc.

.. Le mouvement s'indique encore en désignant celui d'un genre de musique connu :

Tempo di minuetto...........	Mouvement de menuet.
Tempo di marcia............	Mouvement de marche.

Mouvement de valse, de polka, de boléro, etc.

3. Les mots suivants, en déterminant le caractère ou l'expression de la musique, influent dans une certaine mesure sur le mouvement :

Sostenuto, Sosten. ou *Tenuto, Ten.*	Mouvement égal et soutenu.
Affettuoso....................	Affectueusement.
Cantabile	En chantant avec expression.
Commodo	Commodément, à l'aise.
Tempo giùsto.................	Temps juste, ni trop lent, ni trop vite.
Grazioso, Con grazia..........	Gracieusement, avec **grâce**.
Con brio.....................	Brillamment.
Scherzo, Scherzando..........	Badinage, en badinant.
Giocoso......................	Joyeusement.

Agitato , Animato	Mouvement agité, animé.
Con espressione, Espressivo, Espress.	Avec expression.
Doloroso , Dolento	Avec un sentiment de douleur
Risoluto , Deciso	Résolu , décidé.
Ardito	Hardi.
Con fuoco , Con calore	Avec feu, avec chaleur.
Con rigore	Avec rigueur.
Senza rigore	Sans rigueur.
Strepito	Avec fracas.
Con rabia	Avec rage.
Con anima	Avec âme.
Con spirito	Avec esprit.
Con gusto	Avec goût.
Con delicatezza	Avec délicatesse.
Eguale	Également.
Ben marcato	Bien marqué , etc.

4. Pour changer le mouvement dans le courant d'un morceau, on emploie les mots suivants : — Pour accélérer le mouvement :

Accelerando , accel.	En accélérant.
Stringendo , String. — Serrando. *Stretta , Alla stretta*	En serrant, en pressant.
Più mosso, Più viva, Più presto *Più stretta , Più animato , etc*	Plus vite, plus animé.
Meno lento	Moins lent.

Pour retarder le mouvement :

Rallentendo , Rall.	En ralentissant.
Ritardendo , Ritard, Rit.	En retardant.
Ritenuto, Riten.	En retenant le mouvement.
Slargando	En élargissant le mouvement.
Calando, Calmato	En se calmant.
Più lento	Plus lent.
Meno mosso, Meno animato *Meno presto, Meno vivo, etc*	Moins vite, moins animé.

— Si le changement de mouvement se fait progressivement, on fait précéder les termes qui l'indiquent par les mots *Poco à poco*, *peu à peu*, qui sont l'opposé de *Ben marcato*, lesquels indiquent un brusque changement.

5. Le *point d'orgue* ⌢ placé au-dessus d'une note ou d'un silence indique que leur durée doit être prolongée, et par conséquent que le mouvement de la mesure est suspendu pendant un temps laissé au goût et à la volonté de l'exécutant.

Le point d'orgue est souvent accompagné de *traits* ou phrases musicales *non mesurées* qui se font entendre pendant la durée du point d'orgue et qui en prennent aussi le nom.

— On indique encore que le mouvement est laissé momentanément au goût et à l'appréciation de l'exécutant avec les mots :

Ad libitum, *ad lib*....⎫
A piacere, *à capriccio*.⎰ A volonté, à plaisir.

Tempo rubato, *Rubare*. Temps volé, sans mesure.

On écrit *A Tempo*, 1° *Tempo*, quand l'on doit revenir au mouvement précédent.

6. Du Métronome. Tous ces moyens d'indiquer la durée absolue du son n'ont rien de fixe ni de précis ; ils seraient d'une insuffisance complète si la musique était une sorte de science mathématique, raide et froidement régulière comme un compte d'arithmétique.

Les mots que nous avons cités ne donnent que des à peu près ; ils n'ont pas même toujours absolument la même signification dans différents morceaux du même auteur, et bien des exécutants peuvent avoir des manières différentes et pourtant également bonnes d'interpréter le mouvement des mêmes morceaux de musique. Je dis *également bonnes*, parce que si un morceau joué et chanté largement et avec ampleur par tel individu ou par telle masse d'exécutants produit un bel effet, il peut être froid et ennuyeux, s'il est interprété de la même manière par d'autres, qui lui imprimeront au contraire des qualités nouvelles en changeant le mouvement.

La musique qui n'est pas une science abstraite mais un art, c'est-à-dire une œuvre de goût et d'expression, se contente parfaitement de ces termes un peu vagues, qui conviennent très-bien aux artistes qui ont de l'expérience et un goût pur et correct; mais pour les élèves et pour tous ceux qui n'ont pas une suffisante habitude de la musique, on se sert d'instruments dont les mouvements sont parfaitement égaux et que l'on peut accélérer ou retarder à volonté, c'est-à-dire de *pendules*. (Le *pendule* consiste en un corps pesant attaché à l'extrémité mobile d'un fil fixé à son autre extrémité et qui, mis en mouvement, produit des oscillations égales entr'elles et dont la rapidité ou la lenteur dépend de la longueur du fil.) On donne à ces pendules le nom de *métronomes*, quand ils sont destinés à indiquer la division du temps en musique.

Le métronome le plus commode et le plus répandu est celui de Maëlzel. Il consiste en une petite caisse en bois renfermant un balancier dont le centre de gravité s'élève ou s'abaisse à volonté le long d'une tige métallique; derrière ce balancier, une échelle graduée indique le nombre d'oscillations du balancier dans l'espace d'une minute. Le balancier est mis en mouvement au moyen d'un ressort qui se monte avec une clef, à la façon d'une montre; chaque oscillation fait entendre un petit coup. Elles peuvent être suspendues à volonté.

Pour indiquer le mouvement d'un morceau, l'on écrit en tête : *Métronome de Maëlzel* (M. M.) suivis d'une ronde, d'une blanche, d'une noire ou d'une croche, pointées ou non, puis l'un des chiffres tracés sur l'échelle graduée. Exemple : M. M.

$\circ = 60$; $\mathrel{\downarrow} = 56$; $\mathrel{\downarrow\cdot} = 100$; $\mathrel{\downarrow} = 176$; etc., ce qui indique qu'on doit placer le centre de gravité au niveau du chiffre indiqué et que l'on donne à la ronde, à la blanche, à la noire pointée ou à la croche la durée d'une oscillation du pendule ainsi disposé.

La durée des autres notes se mesure d'après les règles connues.

— En l'absence d'un métronome de Maëlzel, on peut se servir d'un métronome *métrique* dont le prix est moins élevé et la construction des plus simples. Il consiste en un fil muni à ses deux extrémités d'un corps pesant, une balle en plomb par exemple; ce fil est posé sur un clou et sur l'ouverture d'un piton plantés au même niveau dans une planche ou dans un mur. Au-dessous du piton est tracé perpendiculairement un mètre avec ses divisions en centimètres; le fil placé en avant du mètre est mis en mouvement et produit des oscillations plus ou moins rapides, selon sa longueur. L'autre balle reste immobile; elle sert seulement à faire contre-poids à la première.

Certains morceaux portent en tête l'indication du mouvement d'après le métronome métrique : M. Métr. $\downarrow = 23$;

$\downarrow = 64$, etc; mais cette indication manque le plus souvent; il faut alors y suppléer par le tableau des chiffres du métronome métrique correspondants à ceux du métronome de Maëlzel.

Voici ce tableau :

UNE OSCILLATION POUR UNE.

Métronome de Maëlzel.	Métronome métrique.
208	0,08 centimètres.
200	0,085 millimètres.
192	0,09
184	0,10

Métronome de Maëlzel.	Métronome métrique.
176	0,11
168	0,12
160	0,13
152	0,145
144	0,16
138	0,17
132	0,18
126	0,205
120	0,23
116	0,245
112	0,26
108	0,29
104	0,32
100	0,33
96	0,36
92	0,40
88	0,44
84	0,48
80	0,52
76	0,58
72	0,64
69	0,68
66	0,72
63	0,82
60	0,92
58	0,98

DEUX OSCILLATIONS POUR UNE.

56	0,26
54	0,29
52	0,32
50	0,33
48	0,36
46	0,40
44	0,44
42	0,48
40	0,52

TROISIÈME SECTION.

De la Force ou Intensité.

CHAPITRE Ier.

1. **On a** déjà vu ce qu'il faut entendre par la *force* ou l'*intensité* du son ; ces mots, le premier surtout, entraînent avec eux leur signification.

On appelle *nuances* les degrés successifs de l'intensité du son. Voici les noms avec leurs abréviations des signes qui indiquent ces différents degrés.

Piano, P...................... Faible.
Pianissimo, PP.............. Très-faible.
Trois P, PPP................ Excessivement faible.
Mezzo-forte, мF............. Demi-fort.
Forte, F...................... Fort.
Fortissimo, FF.............. Très-fort.
FFF .... Le plus fort possible.

— On indique encore des nuances intermédiaires en ajoutant aux mots précédents les termes cités déjà à propos des mouvements : *meno*, moins ; *più*, plus ; *poco*, un peu, etc. ainsi l'on dit *meno* P, *più* P, *meno* F, *più* F, *poco* P, *poco* F, etc.

— Les mots *mezza voce*, *m. v.*, *sotto voce*, *s. v.*, à demi-voix, indiquent encore une nuance de la sonorité.

— Pour augmenter progressivement le son, l'on écrit :

Crescendo, cresc................... En croissant.
Cresc. poco à poco ou *al* F ou *al* FF.. En croissant peu à peu ou jusqu'au FF.

La diminution progressive du son s'exprime ainsi :

Decrescendo, Decres.— Diminuendo, Dimin. En diminuant.
Smorzando, Smorz.................... En éteignant.
Morendo, Mor........................ En mourant.
Perdendosi, Perdend................. En laissant perdre le son.
Mancando .... En le laissant manquer.

Le *crescendo* et le *decrescendo* s'indiquent encore ainsi :

Cresc.   <   *Decresc.*   >

Ces signes veulent dire que le son doit être pris au degré d'intensité indiqué, puis augmenté ou diminué pendant toute la durée des notes sur lesquelles ils se trouvent, pour continuer de là avec la force acquise.

— Ces deux signes placés l'un à la suite de l'autre indiquent que le son doit être augmenté pendant la durée du premier signe et diminué insensiblement pendant celle du second, ce qui constitue un son *filé*.

Voici l'effet produit par l'association de ces signes :

— Le signe **>** placé sur une note indique que le son doit être attaqué un peu plus fort et décroître brusquement. Le signe **Λ** fait appuyer davantage sur la note.

On emploie encore dans le même but les mots *sforzato*, SFZ, *rinforzando*, RFZ et *forte piano* FP.

— De même que pour le mouvement, on emploie le mot *ben marcato*, pour établir une nuance bien tranchée avec celle qui précède.

2. Les nuances dans l'intensité du son, combinées avec le mouvement, ont pour but de produire l'*expression* en musique, c'est-à-dire qu'elles servent à faire comprendre le sentiment ou l'idée qu'elle veut exprimer.

Cette partie de la musique représente son aspect le plus élevé et en fait non plus seulement une *science* abstraite et aride, mais bien un *art* plein de charme et d'émotion. C'est là surtout que l'étude, bien qu'infiniment utile et complètement indispensable, reste cependant insuffisante si elle n'est pas aidée par un goût délicat et une intelligence cultivée.

— On verra dans les chapitres suivants relatifs au *coulé*, au *détaché*, aux *notes d'agrément*, etc., de nouveaux moyens de modifier l'accent.

L'interprétation des diverses expressions que peut rendre la musique, s'indique encore au moyen des mots suivants, dont la plupart sont déjà connus : *Dolce*, avec douceur, — *Leggiero*, légèrement, — *Grazioso*, — *Expressivo*, — *Affettuoso*, — *Amoroso*, amoureusement, — *Con animà*, — *Con spirito*, — *Con gusto*, — *Con delicatezzà*, — *Doloroso*, avec douleur, — *Con gravità*, — *Con forzà*, — *Energico*, — *Ardito*, — *Martiale*, — *Con calore*, — *Con fuoco*, — *Con furore*, — *Pastorale*, etc., etc.

4.

CHAPITRE II.

De la Liaison, du Détaché, etc.

1. On nomme *liaison*, *legato* ou *coulé* un signe ⸺ dont l'effet rapproche le son des notes liées, de manière à ne laisser entre elles aucune interruption, c'est-à-dire qu'il prolonge le son de la première jusqu'à l'émission de la suivante. On a vu que lorsque ce signe est placé sur deux ou plusieurs notes du même degré, cas auquel il prend plus spécialement le nom de *liaison*, le nom de ces notes ne se répète pas et le son en est prolongé pendant toute la durée des notes liées. La liaison s'emploie principalement pour prolonger le son d'une note d'une mesure dans la suivante.

Exemples de liaisons et de coulés :

2. Le *pointé*, le *piqué*, le *détaché* ou *staccato*, et le *martelé* produisent l'effet inverse du coulé, c'est-à-dire qu'ils séparent les notes sur lesquelles ils se trouvent.

Voici la forme de ces signes :

Les notes pointées s'attaquent sèchement; mais le son en est prolongé pendant toute la durée de la note. Le piqué est plus sec et fait lâcher le son de la note, comme si, dans l'exemple donné, chaque noire était remplacée par une croche et un demi-soupir.

Le *staccato* s'emploie principalement pour les instruments à archet; il produit à peu près l'effet du pointé, mais sans désunir autant les notes.

Les notes martelées sont accentuées lourdement, mais ne sont pas séparées.

Le *louré* est une espèce de martelé qui fait accentuer lourdement, mais sans beaucoup de force, le premier temps de chaque mesure, ou chaque temps de la mesure.

CHAPITRE III.

Des Notes d'agrément.

Les *notes d'agrément* ou *petites notes* sont des ornements ajoutés au chant, dont la valeur est prise sur les notes auxquelles elles sont jointes et qui, par conséquent, ne comptent pas dans la mesure.

Les plus usitées sont l'*appoggiature* (appuyer), le *gruppetto* (groupe), le *mordente* (mordant) et le *trille* ou *cadence*.

1. L'appoggiature consiste en une ou plusieurs petites notes placées près d'une note ordinaire à laquelle elles sont liées et à laquelle elles empruntent leur valeur.

Elle peut être *simple* ou *double*, selon qu'elle est formée d'une ou de plusieurs notes; *longue* ou *brève*, selon sa durée.

L'appoggiature longue a la forme d'une blanche, d'une noire ou d'une croche en petits caractères; elle prend à la note sur laquelle elle s'appuie la moitié de sa valeur et même les deux tiers si celle-ci est pointée.

Exemple :

L'appoggiature brève appelée encore *accaciature* (écrasement) a la forme d'une petite double-croche ou d'une croche dont le crochet est rayé. Elle s'exécute très-rapidement et comme en se brisant sur la note principale.

Exemple :

Le *port de voix*, *portamente*, est une espèce d'appoggiature qui a pour effet de faire entendre le son de la seconde note pendant la durée de la première, avant d'attaquer cette seconde note. Il faut, dans le port de voix, attaquer franchement le son de la seconde note, sans traîner sur des sons intermédiaires :

Lorsqu'on *solfie* (1) on fait entendre le son des petites notes sans les nommer, et en disant seulement *le nom des grosses notes* qu'elles accompagnent.

2. Le *gruppetto* ou *groupe* consiste dans l'assemblage de trois ou quatre petites notes s'enroulant, pour ainsi dire, autour

---

(1) *Solfier*, c'est chanter en prononçant le nom de chaque note ; *vocaliser*, c'est chanter, c'est-à-dire donner aux notes leur intonation, leur durée et leur force, mais sans les nommer.

de la note principale, sans dépasser l'étendue d'une tierce mineure. Il commence soit par la note supérieure pour arriver à l'inférieure en passant par la note principale ; soit par la note inférieure pour suivre une marche inverse. On l'écrit en toutes notes ou en abréviation au moyen de ce signe ᗡ pour le *gruppetto* ascendant, ou de celui-ci ᗡ pour le *gruppetto* descendant.

Exemple :

3. Le *mordente* consiste à faire entendre rapidement le son de la note principale et de celle qui se trouve immédiatement au-dessus, pour finir par la note principale. Il emprunte sa durée à cette dernière et s'écrit en toutes notes ou au moyen de ce signe ⌒⌒.

Exemple :

4. Le *trille* ou *cadence* est une sorte de *mordente* prolongé. Il consiste dans le battement rapide de la note principale avec celle qui est immédiatement au-dessus d'elle, pendant toute la

durée de celle-ci. Il est souvent précédé ou suivi d'un groupe de petites notes et s'indique ainsi : *tr* ou *tr* ﻫﺴﺴ ou quelquefois dans la musique ancienne +.

Exemple :

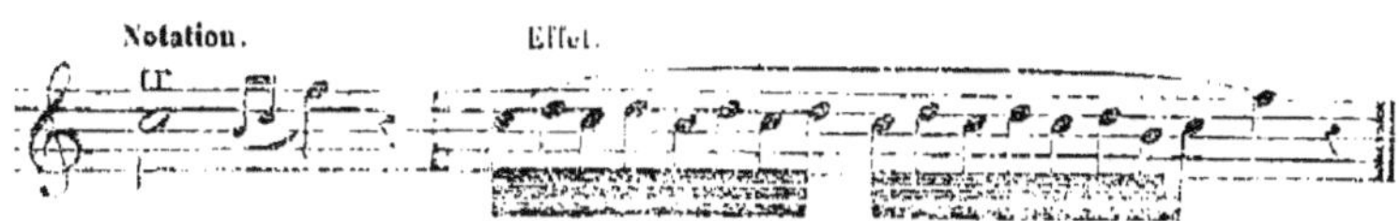

— Les traits ou phrases musicales qui accompagnent les points d'orgue, s'écrivent ordinairement en petites notes.

CHAPITRE IV.

Abréviations.

On emploie parfois, pour simplifier l'écriture musicale, surtout dans la musique instrumentale, des signes abréviatifs dont nous allons parler.

On a déjà vu comment, par les points de reprise et les signes de renvoi, on peut éviter d'écrire plusieurs fois les mêmes phrases lorsqu'on doit les répéter ; on se rappelle aussi comment l'on indique un nombre indéfini de mesures en silence.

Dans les morceaux d'ensemble, lorsque deux ou plusieurs parties chantent à l'unisson, on l'indique par les mots : *col canto*, (avec le chant), — *col la parte* (avec la partie), — *col la voce* (avec la voix), — *col solo* (avec le solo).

Pour chaque instrument il existe encore certaines abréviations particulières, indiquées dans les méthodes spéciales.

Voici quelques exemples des abréviations les plus usitées :

On nomme *arpège* l'audition successive des notes d'un
accord (mesure 12), et *batterie* une succession d'arpèges ou de
notes qui se répètent (mesures 8, 9, 12 et 13).

QUATRIÈME SECTION.

Du Timbre.

1. On a vu que le *timbre* est une qualité du son qui, indépendante de son élévation, de sa durée et de sa force, le distingue des autres sons.

Le timbre du son peut être sourd ou vibrant et éclatant; clair ou voilé, nasillard et guttural; doux ou rude; grêle ou plein, sonore et nourri, etc. — C'est lui qui fait reconnaître une personne dans un grand nombre, au seul son de la voix. — C'est lui qui caractérise le son des divers instruments, qui empêche de confondre un violon avec une trompette, un cor avec une clarinette, un hautbois avec un piano, etc.

Le timbre ne différencie pas seulement les instruments de familles différentes; il fait distinguer encore dans une classe d'instruments tel ou tel en particulier. C'est en parlant du timbre que l'on dit: telle voix ou tel instrument est bon, et tel autre est mauvais.

2. L'étude du timbre des instruments importe surtout aux compositeurs et aux virtuoses; il nous suffira, à son sujet, de donner ici une classification des voix humaines.

Celles-ci se classent, d'après leur élévation, en voix *aiguës* et en voix *graves*. Les premières sont celles des femmes et des enfants, les secondes celles des hommes faits.

Ces derniers cependant peuvent, en prenant ce qu'on nomme la voix de *fausset*, imiter le timbre des voix aiguës. (Il existait, jusqu'au commencement de ce siècle, une classe de chanteurs appelés *sopranistes*, auxquels on avait artificiellement conservé la voix aiguë; ils ont complètement disparu aujourd'hui au moins sur les théâtres.)

On divise généralement les voix aiguës, de l'aigu au grave, en trois genres qu'on nomme *soprano* ou premier dessus, *mezzo-soprano* ou second dessus, et *contralto*.

Les voix graves se divisent en *ténor*, *baryton* et *basse*. Les premiers se subdivisent en *haute-contre*, la plus aiguë des voix d'hommes, très-rare aujourd'hui; en *fort ténor, ténor léger* et *ténor grave* ou *second ténor*. Ils ont tous une *voix* ou, comme on dit, un *registre* de poitrine et un registre de *fausset*, reliés par un registre dit *de tête*.

Les barytons ont souvent la voix aussi élevée que les seconds ténors, mais leur timbre est plus plein et plus sonore, surtout dans les registres inférieurs.

Les basses se subdivisent aussi en *basses chantantes*, dont le timbre est souple et clair, et en *basses profondes* dont le timbre est plus sourd dans les notes moyennes et élevées et devient brillant et sonore dans les notes les plus basses.

Les voix de *contre-basses*, nommées encore *Judenbass* ou *basses de Juif*, ne se trouvent que dans le Nord de l'Europe et notamment en Russie. Elles peuvent chanter les parties de basses à l'octave inférieure.

A partir de la plus aiguë, toutes ces voix sont classées à peu près de tierce en tierce en descendant. Leur étendue moyenne est d'une dixième ou d'une douzième; pourtant il est bien des voix qui atteignent à peine la limite d'une dixième, depuis leur note la plus grave jusqu'à la plus aiguë, tandis qu'on en rencontre quelquefois dont l'étendue comprend deux octaves et plus.

3. Pour bien chanter, les élèves devront s'appliquer à lier aussi intimement que possible les divers registres de poitrine, de tête et de fausset, de manière à passer de l'un à l'autre sans en trop faire sentir la différence.

— Nous leur conseillerons encore de *poser* franchement chaque note, c'est-à-dire de l'attaquer en lui donnant l'intonation juste qui lui appartient, sans la faire précéder d'un son plus ou moins élevé; de donner au son une bonne *émission*, c'est-à-dire de lui conserver la même élévation pendant toute sa durée, sans l'élever ni l'abaisser, que le son soit *tenu* ou qu'il soit *filé*, et de lui laisser toujours un timbre égal et soutenu, sans tremblement ni chevrottement de la voix; et pour cela de tenir toujours les dents desserrées et les lèvres convenablement ouvertes, selon les voyelles prononcées. L'on évitera ainsi les sons nasillards et gutturaux et la voix prendra une sonorité plus souple, plus arrondie et plus ample.

— Les élèves devront encore attacher une grande importance à la *prononciation* de chaque syllabe; ils articuleront nettement les consonnes et donneront aux voyelles leur véritable sonorité; ils se garderont néanmoins de toute exagération, de manière à éviter d'une part l'empâtement et l'inintelligibilité des paroles, et d'autre part l'emphase et l'afféterie.

— Ils prendront de bonnes habitudes de *respiration*. L'air sera introduit profondément dans la poitrine, sans s'arrêter au gosier; en d'autres termes la respiration sera large et profonde et se fera sans bruit. Les mouvements respiratoires se placeront autant que possible à la fin d'une phrase ou d'un membre de phrase de la musique ou du texte et jamais au milieu d'un mot.

— Enfin on devra se rendre un compte exact de la pensée du compositeur, musicien ou poète, de manière à *l'exprimer* avec intelligence et un sentiment vrai. L'amour, la haine, la colère, la douceur, la peine, le plaisir, la guerre, le travail, la prière, la pitié, la vengeance, etc., etc., ont chacun une manière particulière de s'exprimer, que le chanteur doit s'efforcer de comprendre et de rendre.

— En résumé, *justesse, rhythme, nuance, pose et émission du son, respiration, prononciation, expression*, tel est l'ensemble des qualités qui constituent le *style* musical et que les chanteurs doivent acquérir.

Mais ces conseils auraient besoin d'être longuement développés pour ceux qui voudraient tirer de leur voix tout le parti possible. Nous engageons ceux-là à rechercher toutes les occasions d'entendre de bons chanteurs et surtout à faire longtemps de nombreux exercices sous la direction d'un bon professeur de chant, aussitôt que la lecture musicale leur sera devenue familière.

FIN.

TABLE DES MATIÈRES.

DEUXIÈME SECTION.

DE LA DURÉE OU DU RHYTHME.

TROISIÈME SECTION.

DE LA FORCE OU INTENSITÉ.